巴比伦最富有的人

〔美〕乔治·克拉森 著 刘祥亚 译

四川人民出版社

图书在版编目（CIP）数据

富爸爸巴比伦最富有的人 /（美）乔治·克拉森著；
刘祥亚译. — 成都：四川人民出版社，2017.10（2020.7 重印）
ISBN 978-7-220-10371-1

Ⅰ.①富… Ⅱ.①乔… ②刘… Ⅲ.①巴比伦人-商业经营-经验-通俗读物 Ⅳ.① F715-49

中国版本图书馆 CIP 数据核字（2017）第 230234 号

FUBABA BABILUNZUIFUYOUDEREN
富爸爸巴比伦最富有的人
〔美〕乔治·克拉森 著 刘祥亚 译

责任编辑	王其进
特约编辑	张 芹
封面设计	朱 红
版式设计	乐阅文化
责任印制	聂 敏

出版发行	四川人民出版社 （成都市槐树街2号）
网　　址	http://www.scpph.com
E-mail	scrmcbs@sina.com
新浪微博	@ 四川人民出版社
微信公众号	四川人民出版社
发行部业务电话	（028）86259624　86259453
防盗版举报电话	（028）86259624
照　　排	北京乐阅文化有限责任公司
印　　刷	三河市中晟雅豪印务有限公司
成品尺寸	152mm×215mm　1/32
印　　张	6.75
字　　数	130 千
版　　次	2020 年 3 月第 2 版
印　　次	2020 年 7 月第 2 次印刷
书　　号	ISBN 978-7-220-10371-1-01
定　　价	58.00 元

■版权所有·侵权必究

本书若出现印装质量问题，请与我社发行部联系调换
电话：（028）86259453

致中国读者的一封信

亲爱的中国读者：

你们好！

今年是《富爸爸穷爸爸》在美国出版20周年，其在中国上市也已经整整17年了。我非常高兴地从我的中国伙伴——北京读书人文化艺术有限公司（他们在这些年里收到了很多读者来信）那里了解到，你们中的很多人因为读了这本书而认识到财商的重要性，从而努力提高自己的财商，最终同我一样获得了财务自由。

我很骄傲我的书能够让你们获益。20年后的今天，世界又处在变革的十字路口。全球经济形势日益复杂，不断涌现的"黑天鹅事件"加剧了世界发展的不确定性，人们对未来充满迷茫，悲观主义情绪正在蔓延。

而对于你们，富爸爸广大的中国读者来说，除了受世界经济的影响，还要面对国内经济转型的阵痛，这个过程艰苦而漫长。当然，为了成就这种时代的美好，你必须坚持正确的选择，拥有前进的智慧和勇气。这就需要你努力学习。

最后，我还是要说，任何人都能成功，只要你选择这么做！

罗伯特·清崎

富人教他们的孩子财商,
而穷人和中产阶级从不这样做。

——〔美〕罗伯特·清崎

出版人的话

转眼间,"富爸爸"问世已20余年,与中国读者相伴也已近20年。在中国经济和社会蓬勃发展的20年间,"富爸爸"系列丛书的出版影响了千千万万的中国读者,有超过1000万的读者认识了富爸爸、了解了财商。在"富爸爸"的忠实读者中,既有在餐厅打工的服务员,也有执教讲堂的大学教授;既有满怀创业梦想的年轻人,也有安享晚年的退休人士。"富爸爸"的读者群体之广、之大,是我们不曾预料到的。

作为一套在中国风靡大江南北、引领国人创业创富的财商智慧丛书,"富爸爸"系列伴随和见证了千万读者的创富经历和成长历程,他们通过学习财商,已然成为中国的"富爸爸",这也是我们修订此书的动力。20年来,"富爸爸"系列也在不断地增加新的"家族成员",新书的内容也越来越贴合当下经济的快速发展以及国内风起云涌的经济大潮,我们也在十几年的财商教育过程中摸索出了一套适合国内大众群体的"MBW"财商理论体系,即从创富动机、创富行为习惯、创富路径三方面培养学员的财商,增强大家和财富打交道的积极意识,提高抗风险的能力。

曾有一位来自深圳的学员告诉我,他当年就是因为读了《富爸爸穷爸爸》一书,并通过系统的财商训练,才在事业上取得了巨大的成功。难能可贵的是,成功后的他并没有独享财富,而是将自己致富的秘诀——"富爸爸"财商理念分享给了更多想要创业、想要致富、想要成功的人。

在"富爸爸"的忠实读者群中,类似的成功故事还有很多很多。在"富爸爸"的影响下,每一位创富的读者都非常乐意向更多的朋友传授自己从财商训练中获得的成功经验。

值此"富爸爸"20周年之际,作者的最新修订版再次契合了时代的发展、读者的需要。在经济金融全球化的发展与危机中,作者总结过去、现在和未来财富的变化与趋势,并重温了富爸爸那些简洁有力的财商智慧,在中华民族伟大复兴的新时代,"富爸爸"系列丛书将结合财商教育培训,为读者带来提高财商的具体办法,以及在中国具体环境下的MBW创富实践理论。丛书的出品方北京读书人文化艺术有限公司将从图书、现金流游戏、财商课程等多角度多方面,打造出一个立体的"富爸爸",不仅要从财商理念上引导中国读者,更要在实践中帮助中国读者真正实现财务自由。读者和创业者可以通过关注读书人俱乐部微信公众号,来了解更多有关"富爸爸"系列丛书和财商学习的信息。

正如富爸爸在书中所说,世界变了,金钱游戏的规则也变了。对于读者和创富者来说,也要应时而变,理解金钱的语言、学会金钱的规则。只有这样,你才能玩转金钱游戏,实现财务自由。

汤小明

读书人俱乐部

赢得财富,自古以来
就关乎人类最热烈的梦想;

谁能想象,如果没有财富,
人类的未来将会怎样?

未来就像伸向远方的不尽之路,
路上有人类永不止息的渴望和理想。

要想满足我们的渴望,实现我们的理想,
我们就必须拥有财富。

财富是对勤劳和智慧的奖赏，
也是通向精神自由的桥梁。

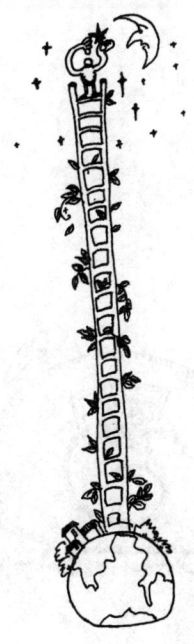

财富是度量俗世成功的尺度。
财富使人能够享受到俗世
所能够提供的最大快乐。

对于那些懂得致富法则的人来说,
财富从不匮乏。

本书提出了最古老、最普遍、最有效的财富法则，
它们将指引你从一文不名走向成功和快乐。

6000年前使巴比伦大街上
充满了熙熙攘攘的有钱人的那些法则，
至今仍然在发挥作用。

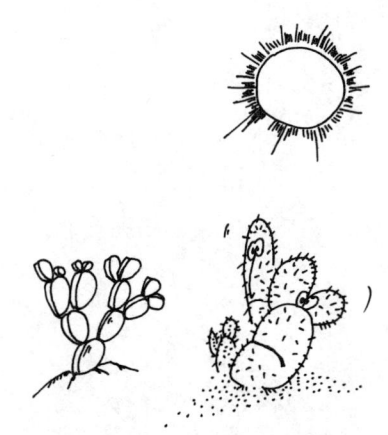

编者的话

你过去几个月的工钱都到哪里去了？你去年挣到的工钱又到哪里去了？小傻瓜！你付钱给所有的人，却没有给自己。笨蛋，你一直在为别人辛苦工作……你留下的每一个金币都是你的努力，它们可以为你服务。你可以让这些金币生出铜板，而这些铜板又能为你挣更多的钱……

——《巴比伦最富有的人》乔治·克拉森

富人不为钱工作，而是让钱为他们工作！

——《富爸爸穷爸爸》罗伯特·清崎

本书之所以收纳到"富爸爸"系列之中，源于它与"富爸爸"系列图书在理财观念方面有着高度的一致性，从上面两段话不难看出。

读者诸君尽可大胆猜想，罗伯特·清崎或许正是在读完本书后，才创作出连续6年高居《纽约时报》畅销书排行榜的《富爸爸穷爸爸》。因为罗伯特·清崎曾在《富爸爸穷爸爸》一书中这样写道：

"首先支付自己"这句话出自乔治·克拉森，这本书卖出了数百万册，虽然数百万的人都可以熟练地复述这句话，却鲜有人按这一建议去做。

希望你也能像罗伯特·清崎一样，仔细阅读本书，并加以践行，在财富法则的指引下，踏上财务自由之路！

CONTENT 目 录

第1章 想得到金子的人 3

出了什么问题?为什么我们不能赚到更多的金子和银子,而是仅仅能够应付吃穿?为什么我们不能像其他人那样富有?

……现在我明白为什么我们一直不懂如何赚钱了。因为我们从来没有去寻找过!

第2章 巴比伦最富有的人 15

你过去几个月的工钱都到哪里去了?你去年挣到的工钱又到哪里去了?小傻瓜!你付钱给所有的人,却没给你自己。

第3章 获得财富的7个诀窍 35

不要因为我的话简单而嘲笑它。真理总是简单的。我说过我将告诉你们我是如何获得财富的。这是通向财富殿堂的第一步,每个人都必须首先迈出这第一步。

第4章 遇到幸运女神 63

人人都希望自己得到好运。

行动将使你成功地实现你的愿望。

积极行动的人才能吸引幸运女神的青睐。

第5章 5个黄金法则 85

人们能衡量出黄金的价值,但是谁又能衡量出智慧的价值呢?没有智慧,人们很快就会失去手中的金子,但是有了智慧,人们就可以白手起家创造财富。

第6章 巴比伦的借贷商人 103

你会受到很多东西的诱惑,会有许多人建议你进行各种各样的投资,你将面对很多赢利的机会。你应该以我刚才讲的那些故事为戒:首先保证你的财富的安全,然后让这些财富为你创造更多的收入。

第7章 巴比伦的城墙 123

就像古巴比伦的城墙一样,今天的保险、储蓄和可靠的投资同样为我们筑起了坚不可摧的城墙,我们可以凭借它保护自己不受任何外来力量的侵害。

我们必须给自己建立足够的保护。

第 8 章　巴比伦的骆驼商人　129

是你自身的弱点使你沦落到现在的地步，你要为自己的懦弱而指责众神吗？

一个有着奴隶般灵魂的人不论出身如何，总是会成为奴隶的，这就像水往低处流一样；一个拥有自由灵魂的人即使遭到了不幸，也终究会在自己的城市里成为受人尊敬的人。

第 9 章　巴比伦的黏土板　147

那个来自巴比伦尘封的废墟中的家伙教给了我一个闻所未闻的办法来还清债务，同时还能使我的钱包里装满叮当作响的金子。

第 10 章　巴比伦最幸运的人　163

你看，工作在我最痛苦的时候的确证明了它是我最好的朋友。

你的勤劳会让你在将来获得巨大的成功。

第 11 章　历史上的巴比伦　187

巴比伦是人类利用周围环境，凭借自己的能力实现伟大目标的一个杰出典范。所有支持这座伟大城市的资源都是靠人力开发的，那里所有的财富都是由人创造的。

前　言

国家的富足源自每个国民的富足。

本书讲述的是我们每一个人的成功,那是我们用勤劳和才智共同创造的成就。成功的关键就是适当的准备。比行动更明智的是思想,而比思想更明智的则是我们的理解力。

这本关于致富方法的书将指导我们应该如何理解财富。实际上,本书的目的就是为那些有着致富雄心的人提供一些这方面的真知灼见,来帮助他们赢得和积累财富,然后再用这些财富创造更多的财富。

本书将带读者回到巴比伦[①],那里孕育了最基本的财富法则,这些法则在今天已经得到了普遍的承认,并在整个世界中被广

---

① Babylon,上古时代最著名的城市之一,位于巴格达以南约 90 千米,先后为存在于公元前 2000 年初到前 1000 年末的古巴比伦王国和存在于公元前 7～前 6 世纪的新巴比伦王国的首都,原址现已成为废墟。——译者注

泛地应用。

  我希望读者能够从本书中得到一些有益的启发，从而对如何增加银行存款、获得更大的经济成功以及处理个人财务问题有更进一步的认识。

  我还要对那些慷慨地与朋友、亲戚、雇员和同事一起分享这些故事的公司管理人员表示感谢。他们借助这些财富法则所获得的巨大成功就是对这些法则最好的证明。

  巴比伦之所以成为古代世界中最富足的国家，是因为那里的国民是那个时代最富有的人。他们看重金钱的价值，并借助无懈可击的财富法则来创造和积累财富，再用这些财富创造更多的财富。他们用自己的努力开创了美好的未来……而这也正是我们所希望的。

乔治·克拉森

第1章　想得到金子的人

　　出了什么问题？为什么我们不能赚到更多的金子和银子，而是仅仅能够应付吃穿？为什么我们不能像其他人那样富有？

　　……现在我明白为什么我们一直不懂如何赚钱了。因为我们从来没有去寻找过！

巴比伦的造车匠班瑟正垂头丧气地坐在自家的矮墙上，愁眉苦脸地看着自己简陋的家和露天作坊，作坊里立着一辆刚做到一半的车。

他的妻子不时从敞开的房门口偷偷向他张望几眼，似乎在提醒他，家里已经快断粮了，而他现在应该去工作，完成那辆车，好好地挥舞锤子，给车子打磨上漆，再把车轮上的皮带拉紧，然后把它送到那个有钱的主顾家里，好领取报酬。

尽管如此，健壮的造车匠还是坐在墙头上一动不动。他不很灵光的脑子正在耐心地努力思考一个难题。幼发拉底河谷炽热的阳光无情地照在他身上，他却丝毫不觉得。汗水正顺着他的额头流下来，落在他毛茸茸的胸脯上。

离他家不远处耸立着巍峨的王宫。附近还有贝尔神庙高耸的彩绘塔楼。而他的家却和其他简陋失修的低矮房舍一样，被这些辉煌建筑遮蔽在巨大的阴影里。这就是巴比伦——一个辉煌与破败的混合体，令人炫目的富有和最可怕的贫穷就这样在巴比伦的城墙里杂乱无章地混杂在一起。

在这里，喧闹的大街上挤满了有钱人的车子，周围熙熙攘攘地走着穿鞋的生意人和赤脚的乞丐。不过，就连那些有钱人也得给一长列背着沉重水囊的奴隶让路，因为他们是在"为国王办事"，运送清水去浇灌空中花园。

班瑟这时完全沉浸在自己的问题中，面对这繁忙城市中的喧嚣和混乱仿佛置身事外。突然，一阵熟悉的琴声把他从冥思苦想中唤了回来。他转过身，看到好朋友乐师库比，正和善地向他微笑。

"愿神保佑你得享清闲，我的好朋友，"库比一开口就是夸张的问候，"不过，看来他们已经慷慨地让你免于劳作的辛苦了。我真为你的好运高兴，而且，还要与你一起分享它。现在你的钱袋一定胀得鼓鼓的，不然你肯定还在作坊里忙碌呢。那么就请你借给我两个金币，今天晚上贵族的宴会结束后，我一定如数奉还。"

"就算我有两个金币，"班瑟发愁地说道，"我也没法把它们借给任何人——包括你在内，我最好的朋友，因为那将是我的财产——所有的财产。没有人会把自己所有的财产都借给别人，哪怕是最好的朋友也不行。"

"什么？"库比感到十分惊讶，"你的口袋里一个子儿都没有，而你却像个泥塑一样坐在墙头上发呆！为什么不去做完那辆车子？除此之外，难道你还有其他办法能填饱肚子吗？这可不像你的行为，我的朋友。你那些用不完的精力都到哪儿去了？有什么事让你不开心吗？你是不是遇到了麻烦？"

"这一定是神对我的折磨，"班瑟答道，"一切都是从一个无稽的梦开始的，我梦见自己成了一个有钱人，腰带上挂着一个漂亮的钱袋，里面装满了沉甸甸的金币。我随意施舍给乞丐，拿银子给妻子和自己买各种各样的好东西，想要什么都可以。我有那么多的金子，可以放心地花钱，也根本不用担心未来。我的心里充盈着满足和快乐。你根本认不出我就是你从前那个拼命工作的朋友了。你也认不出我妻子，因为她脸上再也没有操劳的皱纹，而是充满了幸福。她又一次成了我们新婚时那个洋溢着笑容的姑娘。"

"实在是个令人高兴的梦，"库比说道，"可是为什么这样一个好梦却会把你变成了墙头上一个呆头呆脑的泥塑呢？"

"为什么？是啊！因为当我醒过来的时候发现自己的钱袋还是空空如也，我想改变这一切。让我们一起来把这个问题想清楚吧，因为正如水手们常说的那样，我们可是在一条船上，你和我得同舟共济。年轻的时候，我们一起到祭司那里学习智慧，一起分享快乐。长大以后，我们也一直是亲密的朋友。我们有了自己的营生，也愿意长时间地工作，然后随心所欲地花自己挣来的钱。我们在过去的日子里挣了不少钱，但是从来没有感受过富足的快乐，而只能在梦里得到安慰。哈！我们难道比牲畜还蠢？我们生活在世界上最富有的城市里。旅行到这里的人都说它的财富无可匹敌。我们周围充满了财富，而我们自己却没有分毫。我最好的朋友，你已经辛苦地工作了半生，却仍旧口袋空空，还要来对我说'能借给我两个金币吗？今晚贵族的宴会结束后我一定如数奉还'。接着，我是怎么回答的呢？我是回答说'我的钱袋在这里，我很高兴借给你钱'吗？不，我只能承认自己的钱袋和你的一样空空如也。出了什么问题？为什么我们不能赚到更多的金子和银子，而是仅仅能够应付吃穿？"

"再想想我们的儿子们，"班瑟接着说道，"他们难道不正在走我们的老路吗？他们和他们的家庭，还有以后的子子孙孙，是不是还得居住在这个遍地黄金的地方，却和我们一样还为能吃到酸羊奶和稀粥而感到心满意足呢？"

"我们相识以来，你从来没有像这样说话，班瑟！"库比感到迷惑不解。

"以前我也没有想到过这些。我从清晨一直劳作到天黑，造出最好的车子，诚挚地希望有一天神能够承认我工作的价值，赐予我财富。但他们从来没有这样做。今天我明白了，他们永远不会这样做，所以我感到很伤心。我想成为富有的人，拥有土地和牲口，拥有漂亮的衣服和充实的钱袋。我愿意为得到这些拿出我所有的力气和手艺，发挥我最大的智慧，我希望所有这些能够带来回报。我们出了什么问题？我再问你一遍！为什么我们不能像其他人那样富有？"

"我要是知道答案就好了！"库比回答说，"我和你一样对生活感到不满意。我演奏得来的钱很快就花光了。我常常要为维持家人的温饱而绞尽脑汁。而且，我多么希望能有一把真正的大竖琴用来演奏我所喜欢的音乐。如果有了那样的乐器，我肯定能演奏出连国王都闻所未闻的绝妙音乐。"

"你确实应该有那样一把琴,整个巴比伦没有人比你演奏得更动听;要是你能用大竖琴演奏的话,不仅国王,就连众神也会感到高兴的。但是你我都像国王的奴隶一样贫穷,又怎么能得到这样的琴呢?听那铃声,他们过来了。"班瑟说着,指向一队衣不蔽体、汗流浃背的奴隶,奴隶们正艰难地从河那边沿着

我从清晨一直劳作到天黑,但诸神从未赐予我财富。

狭窄小路往这边走来。他们5个人一列，每个人都被沉重的水囊压弯了腰。

"领头的那个人看起来很健壮，"库比指着走在最前面的一个人，他摇着铃，身上没有背任何东西，"显然，他在自己的国家里肯定是个出类拔萃的人物。"

"队伍里有很多身体健壮的人，"班瑟附和道，"他们和我们一样健壮。高大的、长着金发的北方人，笑嘻嘻的南方人，邻国来的棕色皮肤的矮个子，所有这些人都得一个跟一个地排着队，日复一日、年复一年地从河里背水到空中花园去，没有任何其他指望。他们睡的是稻草，吃的是硬米粥。这些人真是可怜，库比！"

"我确实可怜他们。不过，你刚才的话让我意识到其实我们并不比他们好多少，虽然我们是自由人。"

"的确，库比，虽然这令人不快，却是事实。我们不想年复一年地过这种奴隶一样的日子。工作，工作，还是工作！生活却没有任何改善。"

"我们或许可以找出其他人赚钱的办法，然后学他们的样子做？"库比问道。

"也许我们可以从精通此道的人那里学到赚钱的秘诀。"班瑟也若有所思。

"我今天碰到了我们的老朋友阿卡德，"库比说，"他驾着他那金色车子，但没有像许多其他的有钱人那样高高在上，看都不看我一眼，而是向我挥手，让所有在场的人都看到他在对乐师库比微笑致意。"

"人们都说他是巴比伦最富有的人。"班瑟思索着。

"他非常富有,连国王在财政事务上都要请教他。"库比说。

"非常富有,"班瑟打断了他,"我可能今晚就要见他,得到他鼓鼓的钱袋了。"

"胡说八道,"库比反驳说,"一个人的财富并不在于钱袋里随身带的一点儿钱。如果不是源源不断地放入金币的话,再鼓的钱袋也会很快变空的。阿卡德有稳定的收入,可以让他的钱袋一直保持充实,不论他花钱多么随意。"

"收入,这就是答案,"班瑟叫道,"我希望,不论我坐在墙头上,还是去遥远的地方旅行,都能有一项收入不断地装满我的钱袋。阿卡德肯定知道应该如何得到收入。可是我的脑子转得很慢,他能不能向我解释清楚呢?"

"我想他肯定把自己所知道的都教给了他的儿子诺马瑟,"库比说,"诺马瑟不是去了尼尼微[①]吗?酒馆里的人都是这么说的,他在那里完全没靠父亲的帮助就成了当地最富有的人之一。"

"库比,你让我想出了一个很好的主意,"班瑟眼中突然闪出光彩,"向一个好朋友求教并不需要花钱,而阿卡德一直是我们的好朋友。不要介意我们的钱袋和去年的鸟巢一样空荡荡,我们不应该泄气。我们已经受够了身处繁华都市自己却一文不名的日子。我们要成为有钱人。来吧,我们去阿卡德那里,问

[①] Nineveh,古代亚述人口最多和最古老的城市。在底格里斯河东岸,与今伊拉克的摩苏尔隔河相望。——译者注

如果不是源源不断地放入金币的话，再鼓的钱袋也会很快变空的。

问他我们如何才能为自己赚到收入。"

"真是个好主意,班瑟。你让我开了窍。现在我明白为什么我们一直不懂如何赚钱了,因为我们从来没有去寻找过!你一直不辞劳苦地制造巴比伦最好的车子,把所有的心思都用在了这件事上,所以你造出了巴比伦最好的车子。我努力地练习演奏,想成为出色的乐师,而我也做到了。

"我们在自己投入了最大心思和最大努力的事情上都成功了。神认为让我们保持现状就可以了。现在,我们终于看到了一线曙光,它告诉我们学得越多就能收获越多。有了新的知识,我们就可以实现自己的愿望了。"

"我们今天就去找阿卡德吧!"班瑟催促道,"而且还要叫上所有和我们一样穷困的朋友,让他们也能分享阿卡德的智慧。"

"你总是这样为朋友着想,班瑟,所以你才有许多朋友。就依你说的,我们今天就和他们一起去求教阿卡德。"

现在我明白为什么我们一直不懂如何赚钱了,
因为我们从来没有去寻找过!

第2章　巴比伦最富有的人

你过去几个月的工钱都到哪里去了？你去年挣到的工钱又到哪里去了？小傻瓜！你付钱给所有的人，却没给你自己。

在古老的巴比伦，住着一个叫阿卡德的人，他十分富有。他的财富和慷慨远近闻名。他乐善好施，对家人和自己也很大方。虽然如此，他每年的财富增长仍然远远多于开销。

他年少时的朋友们来找他，说："阿卡德，你比我们幸运多了。你成了全巴比伦最富有的人，我们却在为生存而苦苦挣扎。你可以穿最好的衣服，享受珍馐美味，而我们辛辛苦苦才能维持家人的温饱。

"但是，我们曾经是一样的，跟随同一个老师学习，玩相同的游戏，不论学习还是游戏，你都并不比我们出色。而且在毕业以后的很长时间里，你也和我们一样是平民。

"据我们所知，你工作也不比我们更加勤奋和投入。那么，为什么无常的命运要让你独享财富和幸福，而忽略我们呢？我们也有同样的资格得到它们呀。"

这时，阿卡德对他们的说法提出了异议，说：

如果你们在少年之后没有过上富有的生活，那是因为你们没有学会创造财富的法则,或者你们根本就没有去学习。

"命运"是一个邪恶而变化无常的女神,她从不长久地垂青于任何人。相反,她总是先给人们带来意外之财,再让他们全都破产。她引诱人们大肆挥霍,让他们失去所有的财富,只剩下他们再也无力满足的种种奢望。而得到她一时青睐的另一些人则变成了吝啬鬼,他们小心地看守着财富,害怕花去一分一毫,因为他们知道自己没有能力创造新的财富了。他们忍受着煎熬,比前者更加痛苦,天天

得到她一时青睐的另一些人则变成了吝啬鬼。

胆战心惊地担心被抢劫，过着空虚的四处躲藏的生活。

或许还有另外一种人，他们懂得如何利用天降横财创造出更多的财富，所以能一直快乐而满足。这种人很少，我也只是听说而已。想象你得到了一笔意外之财，事情是不是会像我所说的这样？

他的朋友们承认他的话的确是事实，并恳求他讲述他是怎样获得现在这些财富的，于是他继续说道：

年少的时候，我看着周围，到处都是能够给人带来快乐和满足的好东西。我认识到财富可以增强人们获得这些东西的能力。

财富是一种力量，可以帮助人们做成许多事。

人们可以买来最富丽堂皇的家具装饰自己的房间。

人们可以到遥远的大海去旅行。

人们可以享受到来自远方的美食。

人们可以购买精美的金器和石器。

人们甚至可以为众神修建宏伟的庙宇。

人们可以用财富做所有这些事情，以及其他许许多多能够令人身心愉悦的事情。

意识到了这一点之后，我决心一定要努力挣得生活中属于自己的那一份幸福和快乐。我可不想站在远处，眼巴巴地羡慕别人过上了好日子，也不会像许多贫穷的人那样满足于最基本的温饱。相反,我要成为富有的人,得到各种各样的好东西。

你们都知道,我只是个普通商人的儿子,家中有许多兄弟姐妹,我根本没有希望继承到财产;而且,正如你们所说的,我也没有天生的超常智慧。所以,我知道自己要取得成功,就必须付出时间努力学习。

至于时间,人人都有很多。你们每个人本来都有足够的时间可以创造财富,却让时间白白流失了。而你们现在也承认,除了家庭之外,你们没有任何可以为之骄傲的。

关于学习,我们睿智的老师曾经教导过我们,学习有

你们每个人本来都有足够的时间可以创造财富,
却让时间白白流失了。

两种：一种是学习我们已经知道的东西，另一种是学习如何去发现我们不知道的东西。

所以，我决定找出积累财富的方法，然后好好地利用这些方法。既然我们死后在黑暗的冥界里会感受到无尽的忧伤，那么现在就更应该尽情享受灿烂的阳光。

我在记录大厅找到了一个书记的职位，从此开始长时间在黏土板上辛苦地工作。日复一日，年复一年，我就这样工作着，却没有剩下多少积蓄。买衣食、敬神，还有其他一些我已忘记的事情几乎花去了我所有的收入。但是我的决心没有动摇。

有一天，高利贷商人阿尔加美什来到城市长官那里预订一套《第九法令》，他对我说："我必须在两天之内得到它，如果你能按时完成的话，我就给你两个铜板。"

于是我开始拼命工作，但是那部法令太长了，直到阿尔加美什来取货的时候还是没能完成。他很生气，幸好我不是他的奴隶，不然他一定会大打出手。我知道城市长官不会允许他伤害我，所以一点儿也不害怕，我对他说："阿尔加美什，你很富有。如果你告诉我如何才能得到财富，我就连夜刻好这些黏土板，在明天太阳升起的时候交给你。"

他笑着回答说："你真是个讲话直接的小无赖，不过我们就这样说定了。"

那天夜里我一直在工作，直到眼睛几乎看不见东西，我的背疼极了，而且灯芯的气味熏得我头昏脑涨。但是，

我开始拼命工作,但是那部法令太长了,直到阿尔加美什来取货的时候还是没能完成。

第二天清晨他来取货的时候，所有的黏土板都已经刻好了。

我对他说："现在你该兑现你的诺言了。"

"你已经兑现了你的诺言，我的孩子，"他和善地对我说，"所以我也会兑现我的诺言。我会把你想知道的一切都告诉你，因为我老了，上了年纪的人总喜欢喋喋不休，把自己多年积累的智慧传授给前来求教的年轻人。但是年轻人常常觉得老人的智慧都是些陈规旧套，对现在没有什么意义了。不过，请记住，今天的太阳和你的父辈出生时的太阳没有什么两样，而且这同一个太阳将永远地照耀下去，直到你的最后一个子孙落入冥界。"

"年轻人的思想，"他继续说道，"就像照亮天空的流星一样耀眼夺目，但是老人的智慧则如同恒星般永久地闪光，能给夜航的水手们指明方向。"

"好好地记住我的话，不然你会漏掉其中的真理，以为你通宵的辛苦只是一场徒劳。"

然后，他挑起长长的眉毛狡黠地看着我，用低沉而有力的声音说："我的致富之路就是从我决定把我收入的一部分留给我自己的时候开始的。你也一样。"

接着，他没有再说什么，但是他的目光仿佛能够把我穿透。

"就这些？"我问道。

"这些就足以让一个牧羊人变成一个高利贷商人。"他回答说。

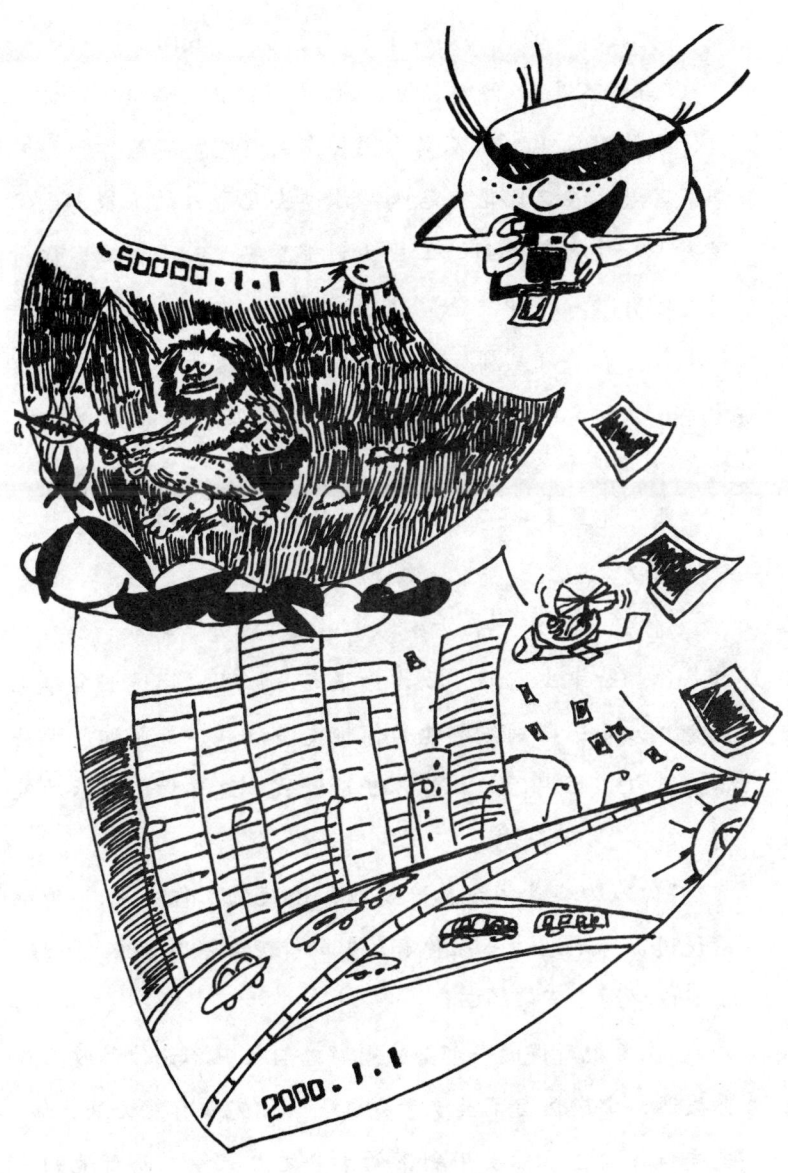

今天的太阳和你的父辈出生时的太阳没有什么两样。

"把我所有的收入都留下来，是吗？"我问。

"当然不是，"他回答说，"你不用付钱给裁缝吗？你不用付钱给鞋匠吗？你不用花钱买东西吃吗？难道你一分钱都不花就能在巴比伦生活吗？你过去几个月的工钱都到哪里去了？你去年挣到的工钱又到哪里去了？小傻瓜！你付钱给所有的人，却没给你自己。笨蛋，你一直在为别人辛苦工作。为了得到那一点儿衣食而像奴隶一样给你的主人干活儿。如果你每次得到工钱的时候给自己留下十分之一，那么10年后你会有多少钱？"

这点儿算术我还做得来，于是我回答说："相当于我一年的工钱。"

"你只说对了一半，"他反驳道，"你留下的每一个金币都是你的奴隶，它们可以为你服务。你可以让这些金币生出铜板，而这些铜板又能为你挣更多的钱。如果你想变得富有，就必须用你的积蓄不断地赚钱，这样你的财富才能越来越多，不断增长。"

"你以为我在用谎话来骗取你整夜的工作成果，"他继续说道，"实际上，如果你有足够的智慧领悟我话中的真理，就可以得到千百倍的回报。"

"你要把所得的一部分钱财留给自己。不论你的收入多么微薄，都应该留下至少十分之一。你完全有能力这样做。先支付你自己。你要用剩下的十分之九来量力而行地购买衣服和鞋子，同时留出足够的钱购买食物，施舍穷人和奉献众神。"

"财富就像大树一样,是从一粒小小的种子成长起来的。你节省下的第一个铜板就是一颗种子,由此你可以创造出财富的大树。你越早埋下种子,财富之树就会越快长大;你越是勤恳地用更多节余的钱财来为它浇水施肥,就能越早地享受财富之树的阴凉。"

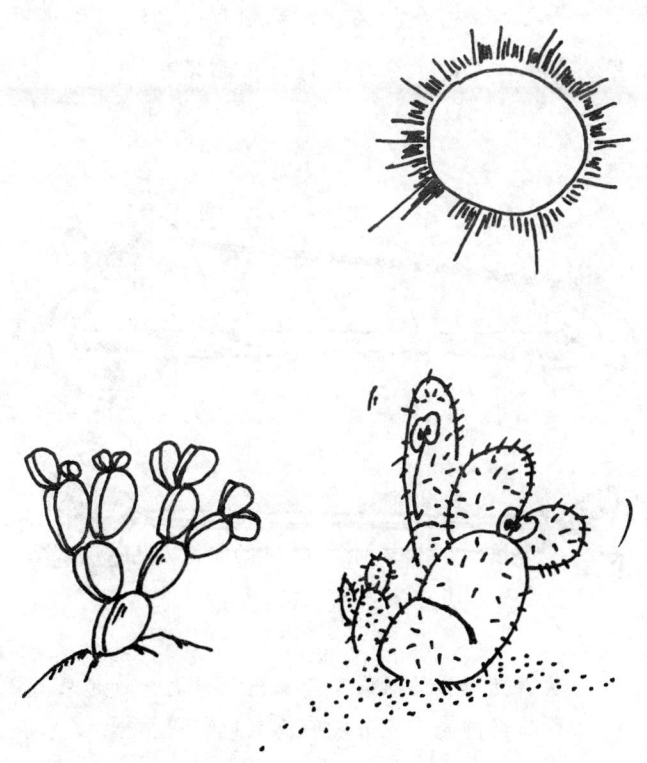

财富就像大树一样,是从一粒小小的种子成长起来的。

他说完，就拿着黏土板走了。

他说的话我想了很久，似乎有些道理，所以就决定试试看。从此，我每次得到工钱的时候总是拿出十分之一收起来。而奇怪的是，我并没有感到比以前拮据。但是，随着存的钱渐渐多起来，我时常受到引诱，想拿它们去商人那里买一些从腓尼基①用船和骆驼运来的好东西，不过我还是理智地克制住了自己。

一年之后，阿尔加美什又来到我这里，问我："年轻人，你有没有把收入的十分之一留给自己呢？"

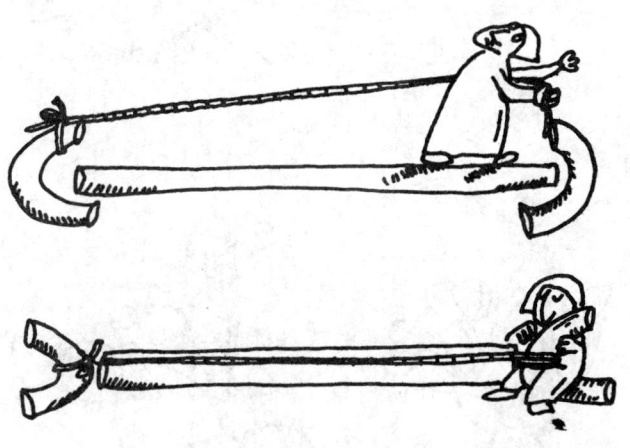

我每次得到工钱的时候总是拿出十分之一收起来。
而奇怪的是，我并没有感到比以前拮据。

---

① Phoenicia，今黎巴嫩及其与叙利亚和以色列毗邻地区的古名。——译者注

我骄傲地回答说:"是的,先生,我照您的话做了。"

"很好,"他高兴地对我说,"你拿这些钱做了什么呢?"

"我把它们拿给了阿兹莫,他是个造砖的工匠,他说他要出海远行,可以帮我从腓尼基买来珍贵的珠宝。等他回来以后,我们就把珠宝高价卖出去,然后一起分成。"

"这个道理谁都懂,"他抱怨道,"可是为什么要相信造砖匠对珠宝的见识呢?你会到面包师傅那里去询问关于星星的事吗?我担保你不会,你只要有点儿脑子,就会去问星相学家。你的积蓄泡汤了,年轻人,你把自己的财富之树连根拔起了。不过,你还可以再种一棵,再试试吧。不过,下次如果你需要得到珠宝方面的建议,最好去找珠宝商;如果你想了解羊,最好去问牧羊人。得到建议不用花钱,但是你应该只接受那些有价值的建议。轻易听信外行的建议来处置自己积蓄的人,只能落得两手空空。"说完这些,他就走了。

而事情正如他所料。那些无耻的腓尼基人卖给阿兹莫的都是些看起来像宝石的玻璃珠子,其实一钱不值。不过,我听从阿尔加美什的建议,继续把每次收入的十分之一存起来,因为现在这已经成了我的习惯,做起来一点儿也不费力了。

又过了一年,阿尔加美什再次来到了我工作的地方,问我:"自从上次见面之后,你有什么进展吗?"

"我继续为自己存钱,"我回答说,"我把积蓄拿给了造

如果你需要得到珠宝方面的建议,最好去找珠宝商,
如果你想了解羊,最好去问牧羊人。

盾牌的工匠阿格，他用钱买铜，每4个月付我一次利息。"

"很好。你又拿利息做了什么呢？"

"我用这些钱买了蜂蜜和醇酒，还有美味的蛋糕，饱餐了一顿。我还给自己买了一件猩红色的上衣。总有一天，我要拿这些钱去买一头驴子当坐骑。"

听了我的回答，阿尔加美什大笑了起来："你把积蓄生出的利息全都吃掉了，它们又怎么能再为你服务呢？而你又怎么能再用这些利息获得更多的钱，并一直这样将财富越生越多呢？你先建立了一支金币组成的奴隶队伍，然后又把它们全都挥霍掉，却一点儿都不感到后悔。"他这样说完，又离去了。

此后的两年中，我一直没有再见到他，等他再一次出现的时候，脸上已经布满了深深的皱纹，眼睛也失去了神采。他真的老了。他对我说："阿卡德，你的梦想有了什么进展吗？"

我回答说："我还没有完全实现梦想，但是已经有了一些积蓄，而且正在用这些积蓄不断赚更多的钱。"

"那你是否还在听信造砖匠的建议呢？"

"他们在造砖方面能提出很好的建议。"我回答道。

"阿卡德，"他继续说道，"你学得很好。你首先学会了用少于全部收入的钱来维持正常的生活，然后又学会了从有经验的人那里征求建议，最后也学会了让金币为你服务。"

"你教会了自己如何创造财富、积累财富和利用财富。

所以，你已经有能力承担重要的责任了。我老了，而我的儿子们只知道花钱，却从不想如何挣钱。我的生意很多，我恐怕已经照顾不过来了。如果你能到尼普尔帮我管理我在那里的地产，我就接受你做我的合伙人，与你分享我的财产。"

于是，我就到了尼普尔①，照管阿尔加美什的大片地产。因为雄心勃勃，而且掌握了成功理财的3个法则，我使他的地产得到了很大的增值。我也因此富裕起来，而且阿尔加美什在他的遗嘱里如约把一部分财产留给了我。

阿卡德讲完了自己的故事，他的一个朋友说道："你真幸运，能够成为阿尔加美什的继承人。"

"我的幸运只是我在遇到他之前就有了成为富人的愿望。我难道没有用4年的点滴节省来证明我的决心吗？如果一个从多年捕鱼中熟知了鱼儿习性的渔人在每次转变风向的时候都能准确地撒网，你能说他只是因为幸运吗？机遇是一位傲慢的女神，她不会在那些毫无准备的人身上浪费时间。"

"在第一次失去所有积蓄之后，你有很强的意志力继续下去，这很不寻常。"另一个朋友说道。

"意志力？"阿卡德反驳道，"简直是无稽之谈。你认为一个人只要有意志力就能挑起连骆驼都背不动的担子，或者拉动

---

① Nippur，美索不达米亚古城。即今费尼尔，在今伊拉克卡迪西亚省。——译者注

连牛都拖不动的车子吗？意志力只能让你在实现目标的过程中不畏缩，不动摇。如果我为自己设定了一个目标，不管它多么微不足道，我都要坚持把它完成。不然，我怎么能有信心去做重要的事呢？如果我对自己说：'以后的100天里，我每天过桥进城的时候都要在桥上捡一颗小石子丢到河里去。'我就要照我自己许诺的那样做。如果第7天我在过桥的时候忘记了丢石子，我决不会对自己说：'我明天向河里丢两颗石子也是一样的。'相反，我会走回去丢这颗石子。同样，我也不会在第20天的时候对自己说：'阿卡德，这样做毫无意义。你每天向河里丢石子，对你有什么好处呢？现在就向河里扔一把石子，结束这一切吧。'不，我既不这样想，也不这样做。我一旦为自己规定了任务，就一定要完成。但是，我很注意，不会为自己安排既困难又不实际的任务，因为我也喜欢清闲。"

这时，他又有一个朋友开口了："如果你说的是真的，而且听上去也的确不假，很有道理，也很简单，要是所有的人都这样做了，岂不是大家都成了有钱人？"

"只要付出了努力，在任何地方都会生长出财富，"阿卡德回答说，"如果一个有钱人要修建一座新的豪宅，那么他为此付出的财富是否就这么消失了呢？不，这些财富被转移到了造砖的工匠、盖房子的工人和油漆彩绘的工人手里。每个为这所房子付出了劳动的人都能得到自己的那部分报酬。而当宅子建好之后，难道它的价值不比为修建它而花费的成本更高吗？难道宅子不会使它所在的那块地皮以及附近的地产也同样升值吗？

财富的增长就像魔法一般,没有人能预见它的极限。腓尼基人不就是用他们从航海贸易中获得的财富在原本一无所有的海岸上建造起许多伟大的城市吗?"

"那么依你看,我们怎样才能获得财富呢?"他的另一个朋友问道,"过去的时间都已经消逝了,而我们也不再年轻,却依然什么都没有。"

阿卡德答道:

我建议你们也像阿尔加美什所说的那样做,告诉自己"我要把收入的一部分留给自己"。在你早上起床的时候这样告诉自己,在中午的时候再说一遍,到晚上再说一遍。

财富的增长就像魔法一般,没有人能预见它的极限。

每天都这样告诫自己,直到你牢牢地记住了这句话。

把这句话深深刻到你的头脑里,让它占据你的整个思想。然后开始行动,从你的收入中拿出你认为合适的一部分收起来。如果必要的话,还可以安排一下如何支配其余的收入。但是,你首先要做的就是把作为积蓄的那部分收起来。很快你就会感到拥有一些只有自己才有权支配的财富是多么的快乐。随着积蓄的增加,这种满足感将更加强烈。这是一种新的生活乐趣,它能令你激动不已。你将有更大的动力去赚更多的钱。这样,当你的收入增加时,不就可以留下更大的比例作为积蓄了吗?

为你的未来积蓄一些财富。看看那些老人,不要忘记你自己有一天也会变老。所以,在拿自己的积蓄进行投资的时候应该格外谨慎,尽量避免无谓的损失。高利贷并不是你的最好选择,它就像海妖那动人的歌声,会将没有防备的人引向毁灭。

同时,也应该想到为你的家人留下一些财富,以防当你被召唤到众神的国度之后,他们陷入贫困。这并不难做到,你只要定期支付少量的钱,就可以让你的家人在你去世后得到经济上的保障。因此,有远见的人都会毫不犹豫地采用这种明智的做法。

向聪明人征求建议,向那些每天与钱打交道的人请教,让他们帮助你避免我曾经把积蓄错托给造砖匠阿兹莫的错误。安稳的少量回报比冒风险好得多。

在你的有生之年尽情地享受生活。不要过于节俭，或者试图储蓄过多。如果在保持舒适生活的前提下你只能从收入中拿出十分之一作为积蓄，就拿这么多好了。根据你的收入来决定生活水平，不要让自己变成一个不敢花钱的吝啬鬼。生活是美好的，生活中有许多东西值得你去享受。

他的朋友们对他表示了感谢，纷纷离开了。有些人一言不发，因为他们缺乏想象力，不能理解阿卡德的话。有些人面露嘲讽，认为像他这样富有的人一定不愿再理睬那些不走运的朋友了。但是，也有一些人的眼中流露出兴奋的光芒。他们知道，阿尔加美什每次来见阿卡德，都是想看看一个人如何像自己过去那样，从黑暗走向光明。当这个人找到光明的时候，已经有合适的位置在等着他了。一个人只有在通过努力工作有了自己的领悟、并为机遇做好了一切准备之后，那个属于他的位置才会出现。

最后这一类人在以后的日子里经常来看望阿卡德，而阿卡德也很高兴地接待他们。他很愿意指点他们，无偿地与他们分享自己的智慧，就像阅历丰富的人都会做的那样。他帮助他们进行安全且具有丰厚回报的投资，使他们免于赔本或卷入糟糕的生意。

这些人生命的转折点就是听到那个由阿尔加美什传授给阿卡德，又由阿卡德传授给他们的真理：把你收入的一部分留给你自己。

第3章　获得财富的7个诀窍

　　不要因为我的话简单而嘲笑它。真理总是简单的。我说过我将告诉你们我是如何获得财富的。这是通向财富殿堂的第一步，每个人都必须首先迈出这第一步。

巴比伦的辉煌是永恒的。经历过漫长的历史,它依然拥有"世界上最富有的城市"的赫赫声名,那里的财富如同传奇一般令人惊羡。

但巴比伦并非生就如此,那里的财富是巴比伦人智慧的硕果,而他们首先学会的就是如何变得富有。

当国王萨尔贡[①]在击败埃兰[②]人,回到巴比伦之后,眼前的形势十分严峻。大臣们向他解释说:

"过去许多年里,由于陛下兴建了大型灌溉系统和宏伟的神庙,我们的人民十分富足。但是,现在这些工程已经完成,人民却似乎无力谋生了。

"劳工失去了工作,商人的生意也冷清了,农民卖不出他们的粮食,人们没有足够的钱去购买食物。"

[①] Sargon,活动时期为公元前24~前23世纪,古代近东地区最伟大的君主之一。他建立了一个对美索不达米亚的社会和文化产生深远影响的闪米特人王朝。——译者注
[②] Elam,伊朗西南部的古国,约相当于今胡齐斯坦地区。——译者注

"但是，我们兴建这些伟大工程的开销都到哪里去了呢？"国王问道。

"恐怕这些财富都已经流入了我们城市中少数巨富的手中，"大臣回答说，"这些财富就像羊奶通过滤网一样从人们的手里流走了。现在既然金币已经停止了流通，我们大多数的人民就没有钱了。"

国王沉吟半晌，然后问道："为什么这么少的人会得到城市中的所有金子呢？"

"他们有自己的办法，"大臣回答说，"人们不会因为一个人知道如何成功地积累财富而怪罪他，而且公正的人也不会无故地夺走他人的诚实劳动所得，去接济那些缺乏赚钱能力的人。"

"但是，为什么不让所有的人都学会如何积累财富呢？"国王问道，"那样他们不就能靠自己的努力变得富足起来了吗？"

"这很有可能，陛下。但是谁来教他们呢？当然不能是那些祭司，因为他们根本不懂如何赚钱。"

"在我们的城市中，谁最懂得如何赚钱呢？"国王问。

"您的问题本身就是答案，陛下。谁是巴比伦最富有的人呢？"

"说得好，我能干的大臣。这个人是阿卡德。他就是巴比伦最富有的人。明天把他带到我这里来。"

到了第二天，阿卡德奉命来到了国王面前，虽已70高龄，他却依然神采奕奕。

"阿卡德，"国王说，"你是不是巴比伦最富有的人？"

"人们是这样说的,陛下,而且也没有人反对。"

"你是如何变得如此富有的呢?"

"我抓住并利用了我们这座城市提供给每个居民的机会。"

"你在一开始没有什么优势吗?"

"我有的只是获得财富的愿望,除此之外,一无所有。"

"阿卡德,"国王继续说道,"现在我们这个城市的人正在犯愁,因为只有少数人知道如何赚钱,因而积聚了大量的财富,

我有的只是获得财富的愿望,除此之外,一无所有。

可是大多数人对如何积累财富一窍不通。"

"我希望巴比伦能够成为世界上最富有的国家，因而它就必须拥有许多富足的人民。所以我们应该教会所有的国人如何赚钱。告诉我，阿卡德，赚钱有什么诀窍吗？这些诀窍是否容易学会？"

"实际上，陛下，一个人所知道的东西当然可以传授给其他人。"

国王的眼中流露出光彩，说："阿卡德，你所说的话正合我意。你能否承担起这项工作呢？你是否愿意把你的智慧传授给足够多的教师，好让他们把真理教给我所有的人民？"

阿卡德弯下腰，说道："我是您谦卑的仆人，愿意听从您的命令。我很高兴把我所知道的一切献给我的国王和同胞们。请让您的大臣安排100人的课堂，我将把获得财富的7个诀窍传授给他们，我自己就是用这些诀窍从巴比伦最穷困的人变成富人的。"

两个星期后，根据国王的命令，100名被选中的听讲者聚集在神庙的大厅里，大家围坐成许多半圆形。阿卡德坐在一个小凳子旁，凳上有一只献祭的羔羊正冒着热气，散发出一种奇异的香气。

"看啊，那就是巴比伦最富有的人，"阿卡德站起身来的时候，学生们低声议论着，"他也不过是和我们一样的人嘛。"

阿卡德开始说道：

作为我们伟大国王的一名忠实臣民，我现在站在这里为他服务。因为我曾经是一个梦想得到金子的贫穷少年，而我现在知道应该如何获得财富，所以他让我把自己的知识传授给你们。

我是从最贫困的境地开始走向发达的。我没有任何优越之处，只是和巴比伦的每一个居民一样，享受着快乐的生活。

我最早的一个金库就是一个旧钱袋。我讨厌它总是空空如也，毫无用处，总是希望它能变得又圆又鼓，里面装满叮当作响的金币。所以，我就尽力地寻找让它鼓起来的办法，结果找到了7个。

你们来到我的面前，我将把这7个获得财富的诀窍告诉你们，同时也把它们推荐给所有想要得到金子的人。我将每天向你们解释一个诀窍。

请注意听好我将传授给你们的知识，和我进行辩论，与你的伙伴们一起讨论。只要完全地领悟这些课程，你们就能把财富的种子植入你们的钱袋。你们首先要使自己富足起来，之后才有能力把这些真理传授给其他人。

我将用简单的方法教给你们如何使自己的钱袋变鼓，这是通向财富殿堂的第一步，每个人都必须首先迈出这第一步，才能攀登到财富殿堂上。

我们现在来说说第一个获得财富的诀窍。

第一个诀窍
让你的钱袋鼓起来

阿卡德对第二排中一个正在沉思的人说:"我的朋友,你是从事什么营生的?"

"我是一个书记员,"他回答说,"我的工作是把记录刻写在黏土板上。"

"我也是靠这种工作挣得最初的铜板的,所以你也有机会获得巨大的财富。"

他又对另一个坐在后面、满面红光的人说:"请你告诉大家你靠什么为生。"

"我是个屠夫,"那人回答,"我宰杀从农夫那里买来的羊,然后把肉卖给主妇,把皮卖给鞋匠。"

"既然也是靠劳动得食,你也能做到和我一样成功。"

阿卡德继续像这样问了每个人的职业,然后说道:

"现在,我的学生们,你们可以知道,从事许多行业都可以赚到钱。而从事任何行业的人都可以从自己的收入中为自己留出一部分放入钱袋。这样,每个人就都能根据自己的能力让钱袋保持或大或小的进项了,是不是?"

众人都表示同意。

"接下来,"阿卡德继续说道,"如果你们每个人都想为自己积累一笔财富的话,为什么不好好利用你们现有的积蓄呢?"

大家又表示赞同。

然后，阿卡德转向一个腼腆的人，他说自己是个卖鸡蛋的商人，"如果你拿一个篮子，每天早上向里面放10个鸡蛋，每天晚上从里面拿出9个鸡蛋，最后会怎样？"

"随着时间的增加，篮子里的鸡蛋会放不下。"

"为什么？"

"因为我每天放进篮子的鸡蛋比拿出来的多一个。"

阿卡德微笑着转向其他人："这里有没有人的钱袋是空的？"

一开始，大家觉得这个问题很有趣，就大笑了起来，然后他们纷纷挥舞着自己的空钱袋。

他继续说道：

好吧，现在我要告诉你们第一个让钱袋鼓起来的诀窍。按照我告诉鸡蛋商人的话做。当你每次放10个铜板进钱袋的时候，只拿出9个来用。这样，你的钱袋马上就会开始变鼓，而且越来越沉，用手掂着很舒服，同时也会让你的心里很满足。

不要因为我的话简单而嘲笑它。真理总是简单的。我说过我将告诉你们我是如何获得财富的。我也曾拥有一个空钱袋，而且十分讨厌这无用的东西，因为它里面没有足够的钱让我满足自己的欲望。但是当我开始在它里面放入10个铜板而只花掉其中9个的时候，我的钱袋就开始变鼓了。你们的钱袋也是一样。

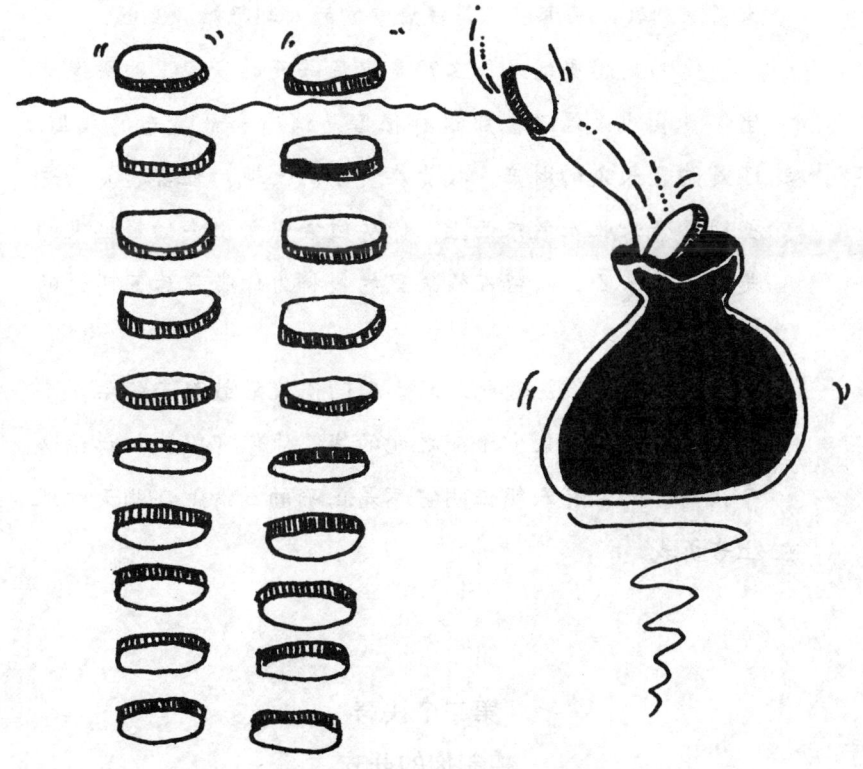

当你每次放10个铜板进钱袋的时候,只拿出9个来用。

现在我要告诉你们一个奇怪的真理，我也不知道其中的原因。当我开始只用十分之九的收入支付日常花销的时候，我仍然可以生活得很好，并没有比从前缺少任何东西。这肯定是神的法则，让那些懂得节省下一部分收入的人更容易赚到钱，而那些总是钱袋空空的人却很难赚到钱。

你们更想要的是什么？是满足每天的欲望，购买像珠宝、美食或是漂亮衣服这样很容易消逝和被遗忘的东西，还是购置长久的财产，投资在黄金、土地、牲畜和货物这些能够带来收入的东西上？你从钱袋中拿出去的钱换来的是前一类东西，而留在钱袋里的钱将为你带来后面所说的财产。

我的学生们，这就是我发现的使钱袋鼓起来的第一个诀窍：只花掉钱袋中十分之九的钱。你们可以互相讨论这个诀窍。如果有人能证明它不是正确的，请他在明天的课上告诉我。

第二个诀窍
控制你的开支

"我的学生们，你们中曾有人问我'如果一个人的所有收入都不够支付他的必要开支，他又怎么能把里面的十分之一保留下来呢'？"第二天阿卡德对学生们这样说。

"昨天你们中有多少人的钱袋是空的？"

"我们所有人的钱袋都是空的。"学生们回答。

阿卡德说：

但是，你们的收入并不是一样的。有些人的收入要比其他人高，而有些人需要养活的家人则比别人多。不过，你们所有人的钱袋都是一样空。现在我要告诉你们一个很不寻常但颠扑不破的真理，那就是：除非有意克制自己，否则我们所谓的"必要开支"将总是与我们的收入相等。

不要把必要开支与你的欲望相混淆。你们及你们家人的欲望，永远不是你们的支付能力所能满足的。所以，虽

你们及你们家人的欲望，永远不是你们的支付能力所能满足的。

然你们用所有的收入去尽量满足这些欲望，到头来却仍然有许多欲望没能得到满足。所有的人都背负着他们自己无法满足的欲望。你们以为我拥有了巨额财富就可以满足自己所有的欲望了吗？根本不是这样。我的时间是有限的，我的力量是有限的，我可以旅行的距离是有限的，我可以吃到的东西是有限的，我能够享受到的快乐也是有限的。

我告诉你们，只要农夫给野草留出生根的地方，它们就会生长起来，同样道理，只要有被满足的可能，欲望就会在人的心里膨胀起来。你们的欲望有很多，而你们有能力满足的欲望却很少。

仔细地反思你所习以为常的生活习惯，你会发现其中有一些开支可以明智地删减掉。把你们的每一个铜板都花在真正有价值的地方。

所以，在黏土板上刻下你想支付的每一笔开支，选出那些必要的开支，以及那些用你余下的十分之九收入可能支付的开支，然后把其余的开支项目都删掉，它们只不过是你众多无法满足的欲望中的一部分，不必为它们被删了而感到难过。

接下来，为你的开支制订一个计划。不要去动用你留下来让钱袋变鼓的那十分之一收入，把这作为你的一个强烈愿望。你要不断地修改你的开支计划，好让它能够帮助你，成为保障你钱袋变鼓的首要手段。

这时，一个穿着华丽袍子的学生站起来，说道："我是一个自由人，我有权享受生活中的好东西。因此，我认为用预算强行规定自己花多少钱、买什么东西就像给自己套上了奴隶的枷锁，那将会使我的生活失去很多乐趣，而我自己也会变成一只负重的驴子。"

阿卡德回答说："我的朋友，你的预算是由谁决定的呢？"

"是我决定的。"反对者回答。

那么驴子在计划自己的负重时会把珠宝、地毯和金子也包括进来吗？不。他会把干草、粮食和一袋水背在背上，

把那些不必要的开支项目都删掉，它们只不过是你众多无法满足的欲望中的一部分，不必为它们感到难过。

因为这些才是它到沙漠旅行所必需的。

预算的目的是为了让你的钱袋鼓起来，也是为了帮助你得到必需品，以及满足在你能力范围之内的其他欲望。它可以帮助你意识到你最迫切的需要是什么，把这些需要与你平常的欲望区分开来。你的预算就像黑暗洞穴中的一束光，它可以让你看清钱袋上的漏洞在哪里，这样你就可以堵住那些漏洞，把你的开支控制在必要而合理的范围内。

这就是使钱袋变鼓的第二个诀窍：预算你的开支，用你十分之九的收入购买必需品以及满足那些有意义的欲望。

第三个诀窍
让你的金子增值

第三天，阿卡德讲道：

看，你们的钱袋已经开始变鼓了，你们的确克制了自己，留下了十分之一的钱，也制定了预算来保证你的积蓄不断增加。下一步，我们要考虑如何让你的财富为你工作，来创造更多的财富了。装在钱袋里的金子只能给吝啬的人带来安慰和满足，却不能带来任何收入。我们从收入中节省一部分作为积蓄，这只是开始。只有用这些积蓄不断地创造收入，我们才能拥有更多财富。

那么我们怎样才能让我们的金子为我们工作呢？我自己的第一次投资非常失败，因为我赔掉了我所有的积蓄。我以后会告诉你们那是怎么回事。而我第一次成功的投资是把钱借给了一个做盾牌的工匠。他每年都要买下整整一船从外国运来的铜做原料。他没有足够的本钱支付给那些商人，所以需要向别人借贷。他是一个很正直的人，总是在卖出盾牌后还清欠别人的钱，而且还会支付一笔慷慨的利息。

每一次我借钱给他的时候，总是连同上一次的利息一起借。这样，不仅我的本钱增加了，而且增加的本钱同样也可以带来利息。而最令人高兴的是，所有这些钱最终都会回到我的钱袋里。

我告诉你们，我的学生们，一个人的财富并不是他钱袋里的几个铜板，而是他创造的资产，这些资产可以使金子源源不断地流向他的钱袋，同时创造出更多的资产。这是每一个人都希望做到的，也是你们中每一个人的愿望。无论你是在工作还是去旅行，总是有稳定的收入源源不断地流入你的钱袋。

我因此而得到了巨大的收入，以至于被人们称为富有的人。我借钱给做盾牌的工匠是在投资获利方面的第一次成功尝试。有了这一次经验，我就随着本钱的增加，不断扩大投资。开始只有几个收入来源，后来发展到很多，于是财富就从所有这些地方不断地流入我的钱袋，我再用它们赚更多的钱。

就是这样，我用自己微薄的收入创造了大量金币做我的奴隶，它们可以为我工作，赚来更多的钱，而这些钱的利息又可以继续为我工作赚钱，如此往复，本钱和利息都变得越来越大。

用这些方法可以让金子很快地增值，比如说，一个农夫在他第一个儿子出生的时候拿10个银币交给借贷商人，直到他的儿子满20岁。借贷商人答应了，同意每4年支付本钱四分之一的利息。因为农夫这笔钱是留给儿子的，所以他要求商人把每一次利息都加入本钱。

等农夫的儿子满20岁的时候，农夫就到借贷商人那里去取回所有的本钱和利息。商人告诉他，由于每一次的利息都加入了本钱继续生息，所以原来10个银币的本钱，现在已经变成了30个半银币。

农夫很高兴，而且由于他的儿子现在还不需要这笔钱，所以他又把这些钱留在了商人那里。等到他的儿子50岁的时候，农夫已经过世了，借贷商人总共还给他的儿子167个银币。

在50年中，这项投资加上利息一共翻了近17倍。

这就是使钱袋变鼓的第三个诀窍：让每一个铜板为你工作，像田野中的牲畜一样为你带来收入，使财富源源不断地流入你的钱袋。

第四个诀窍
避免失去你的财富

阿卡德在第四天的课堂上这样说道：

树大招风，一个人必须好好看护钱袋里的金子，否则就会失去它们。明智的人应该首先积累少量的财富，并学会保护它们，这样才有能力保护更多的财富。

每一个拥有金子的人都会为十分诱人的投资项目而动心。常常是他的朋友和亲戚们很看好某项投资，于是也拉他入伙。

投资的一个原则就是保证你本钱的安全。如果连本钱都有可能赔光，那么就算有再丰厚的利润也不值得你去冒险，因为那并不是明智之举，你可能损失财富。在拿出你的财富进行投资之前，你应该仔细地研究，确保本钱万无一失。不要被你自己快速发财的美梦所迷惑。

在借钱给任何人之前，首先要确定这个人有偿还能力和很好的信用。否则，把你自己的辛苦所得拱手让人是十分愚蠢的。

在对某项生意进行投资之前，你应该先熟悉这项生意可能存在什么样的风险。

我的第一次投资在当时来说简直是一个悲剧。我把辛苦积攒了一年的本钱拿给了造砖匠阿兹莫，他答应在出海远行的时候从腓尼基帮我买珠宝回来。我们计划把这些珠宝卖出去，然后一起分成。但那些腓尼基人无耻地欺骗了他，卖给他的全是一文不值的碎玻璃。我的本钱全赔光了。现在，我根据经验立刻就可以知道，托造砖匠买珠宝是个愚蠢的决定。

所以，我以自己的教训来告诫你们：不要过于自信地把你的财富投入可能的投资陷阱里。最好的办法是去请教那些对投资获利有丰富经验的人，他们提供的建议都是免费的，而且可能为你带来巨大的投资回报。实际上，只要这些建议能够使你避免落入投资陷阱，那它们就是有价值的。

这就是让钱袋变鼓的第四个诀窍，它可以使你的钱袋免遭再次变空的厄运：在投资时一定要保证本钱的安全，只把钱投资在那些既能够收回本钱，又可以得到合理利润的项目上。听从明智的人的建议，向那些善于投资的人求教，利用他们的智慧保护你的财富。

第五个诀窍
使你的房子成为一项有益的投资

阿卡德在第五课开始的时候这样说道：

如果一个人用收入的十分之九来维持生计和享受生活，而且这十分之九的收入中又有一部分可以在不影响他生活质量的情况下进行一项有益的投资，那么这个人的财富就会增长得更快。

巴比伦有许多人都住在很简陋的房子里。他们要向地主支付高昂的房租，而他们的妻子却没有一块土地可以种植花草，他们的孩子也只能在肮脏的小路上玩耍。

如果一个人没有自己的土地，就没有办法让他的家人真正享受到生活的乐趣。有了土地，他的孩子们才能在干净的地上玩耍，他的妻子则不仅可以种植花草，而且还有地方种一些蔬菜。

人们吃到自己园地里结出的无花果和葡萄的时候，心中总是充满了欢乐，为自己的土地而自豪，变得更加自信，工作也更加卖力。所以，我觉得每个人都应该有属于自己的住宅，为他的家人和他自己遮风避雨。

对于任何真正想拥有自己房子的人来说，这并不是非常困难的事。我们伟大的国王已经扩建了城墙，现在巴比伦有很多还没有被利用的土地，而且土地的价格也很公道。

我还要告诉你们，我的学生们，借贷商人也很愿意为那些想给自己的家庭购置住宅的人提供服务。你只要能证明你已拥有购置房地产所必需的一部分钱，余下的部分就可以从他们那里借，来给造砖匠和建筑工人支付报酬。

这样，你就能满心欢喜地拥有自己的房地产了，而你需要支付的只是贡献给国王的赋税。

你的妻子也会更乐意到河边为你洗衣服，顺便在回来的时候背一袋水灌溉她在园子里种的东西。

一个人有了自己的住宅，就会得到很多这样的好处。而且，他也可以节约很多生活费用，用它们来获取生活中的更多快乐，满足自己更多的欲望。这就是让钱袋变鼓的第五个诀窍：拥有你自己的房子，并使其成为一项有益的投资。

拥有你自己的房子，并使其成为一项有益的投资。

第六个诀窍
确保未来的收入

这就是阿卡德在第六堂课上所说的：

每一个人都要经历从孩童到老年的过程。除非提前得到神的召唤，否则没有人能够避免这种生命历程。所以我要说，为将来自己不再年轻的时候做准备对任何人都是有好处的，而在死后为自己的家人留下一笔财富对每个人来说也同样重要。这堂课将告诉你们如何为你不再有能力赚钱的那一天做准备。

懂得财富法则而且正在创造越来越多财富的人应该考虑一下以后的日子。他应该进行某项安全而长久的投资，为将来需要这笔钱的时候做准备。

人们可以用很多方法来保证自己未来的收入。他们可以把财富埋藏在一个秘密的地方。但是，无论他们掩藏得有多么隐蔽，这些钱都可能被贼偷走。所以，我建议你们不要用这个办法。

人们可以为将来的收入而购置一些房产或土地。如果他们正确地估计出土地的潜在用途和价值，就可能买到可以保值或增值的地产。这样，他们在将来需要的时候就可以靠地产的赢利取得收入了。

　　人们也可以把少量的钱放在借贷商人那里，让它们自然增值。而如果把这些本钱的利息再加入本钱，那么财富增值就会更快。我认识一个叫阿桑的鞋匠，他不久前告诉我，8 年以来他每周都把两个银币放到借贷商人那里，那个商人最近给他算了全部的账目，让他觉得又惊又喜。按照一般的 4 年支付本钱四分之一的利息，他的零星投资现在已经变成了 1040 个银币。

　　我根据自己的经验鼓励他继续像这样投资 12 年，到那时借贷商人将欠他 4000 个银币，足够他后半生的开支了。

　　既然这样的小数目定期投资可以带来如此丰厚的回报，没有人会不愿意为自己的晚年生活和自己的家人做一些有益的准备，不论他现在多么有钱，也不论他能投资多少。

　　我要在这一点上多说几句。我一直认为总有一天会有聪明人设计出一种保险的计划，让人们只要定期投入很少的钱，就能在死后为家人留下一笔可观的财富。我想这将为所有人带来巨大的好处。不过，现在这还不可能实现，因为没有人有如此长的寿命来完成这件事。而这种事情必须和国王的宝座一样坚实。不过，有的时候我真的很希望出现这样一种可以给人们带来福祉的计划，因为只要人们投入最初的一小笔钱，就能为后人留下大量的财富。

　　但是，既然我们生活在现在，无法获得未来的福祉，我们就必须自己想办法来为以后作打算。我真诚地建议所有的人在年富力强的时候为以后的日子做准备,因为老人和失去主心骨的家庭是没有办法让空钱袋变鼓的。

这就是让钱袋鼓起来的第六个诀窍:为你的老年和身后的家人提早做准备。

第七个诀窍
增强你自己的赚钱能力

阿卡德在最后一天的课上这样说道:

我的学生们,今天我要告诉你们一个让钱袋变鼓的最重要的诀窍。不过,我要谈的不是金子,而是你们这些坐在我面前穿着各异的学生们。我将告诉你们在人的思想和生活中有哪些东西对他们的成功有影响。

不久前,有一个年轻人来找我借钱。当我问起他为什么借钱的时候,他抱怨说是因为他的收入不够他开销。于是我告诉他说,借贷商人并不欢迎他这样的客人,因为这些人没有足够的能力还钱。

"年轻人,你需要做的是赚更多的钱,"我对他说,"你有没有为提高自己的赚钱能力而做些什么呢?"

"我能做的就是在两个月里6次到我的雇主那里要求增加报酬,但是没有一次成功的,"他回答说,"不可能比这

为你的老年和身后的家人提早做准备。

更频繁地提我的要求了。"

我们可能会笑他头脑简单，但他确实说出了一个增加报酬的重要前提。他很想得到更多的报酬，这种愿望是十分正当而且可以理解的。

没有欲望就不能成功。你们的欲望必须要具体而强烈。笼统的欲望是软弱无力的。只有一个成为富人的希望是没有任何意义的。希望得到5个金币才是可以付诸行动的实在愿望。当一个人下定决心并知道如何得到5个金币之后，他就可以用同样的决心和方法得到10个金币、20个金币、1000个金币，这样他自然就富裕起来了。这就是积累财富的过程。开始是很少的钱，然后随着一个人能力的不断增强，他获得的财富也就越来越多。

欲望必须简单明确，如果过于繁多和复杂，或者在人的能力范围之外，就必然无法实现。

随着一个人对自己的营生越来越精通，他赚钱的能力也会有所增强。当我还是一个贫穷的书记员，每天靠刻些黏土板挣几个铜板的时候，我发现其他比我刻得多的人得到的工钱也比我多。所以，我决心成为最熟练的书记员。不久我就发现了他们成功的秘诀，于是我把更多的兴趣、注意力和精力投入到工作里，很快就没有人能比我刻写更多的黏土板了。而技巧的纯熟也给我带来了回报，我不必五次三番地去请求，雇主就痛快地给我增加了报酬。

我们懂得的东西越多，赚的钱也就越多。专心提高自己手艺的人将得到丰厚的回报。工匠可以向最出色的同行学习手艺，并和他们使用同样的工具。律师或医生则可以与同行一起进行交流切磋。商人可以不断地寻求以最低的价格购买最好的货物。

各种工作都在不断地改变和进步，因为聪明的人总是努力用更精湛的手艺为自己的主顾服务。所以，我要催促那些现在处在领先地位的人不要停止进步，不然就会落后

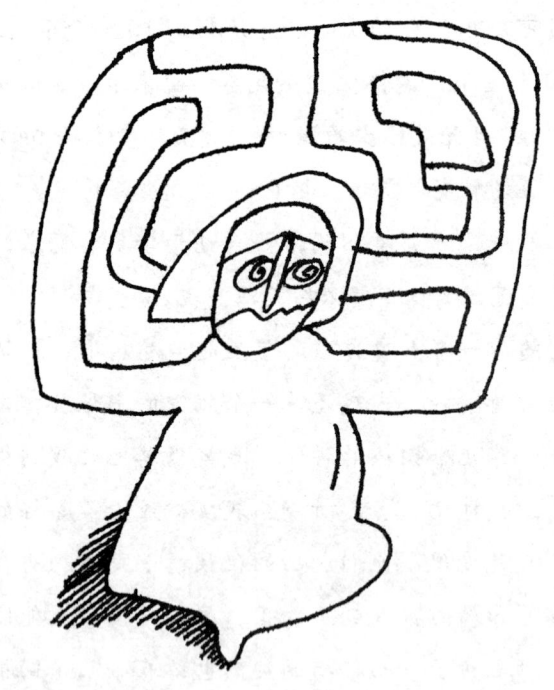

欲望必须简单明确，如果过于繁多和复杂，或者在人的能力范围之外，就必然无法实现。

被淘汰。

许多事都能使人的生活变得更好，任何一个尊重自己的人都应该按照我下面说的去做：

他必须在力所能及的范围内及时地偿还债务，而且向人借钱时也要确保自己有能力偿还。

他必须善待他的家人，使家人敬重他。

他必须立下遗嘱，以便在神召唤他离开这个世界的时候，他的财产能够得到妥善公正的分配。

他应该同情那些遭遇厄运的人，在合理的范围内帮助他们。他应该关心与他亲近的人。

这就是让你的钱袋变鼓的第七个诀窍：提高自己的能力，不断学习，增加自己的智慧，做一个手艺和人品都更好的人。这样你就会对自己有足够的信心，去实现自己的愿望了。

这些就是使钱袋变鼓的7个诀窍，它们是我很久以来从自己的成功中总结出来的，现在我把它推荐给所有想要获得财富的人。

我的学生们，巴比伦的金子远比你们想象的多，能够满足所有人致富的愿望。

在你们的生活中用这些真理使自己成为富裕的人吧，你们有权利得到那一切。

去把这些真理传授给国王陛下的所有臣民，让他们也来分享我们城市中的无尽财富吧。

第4章 遇到幸运女神

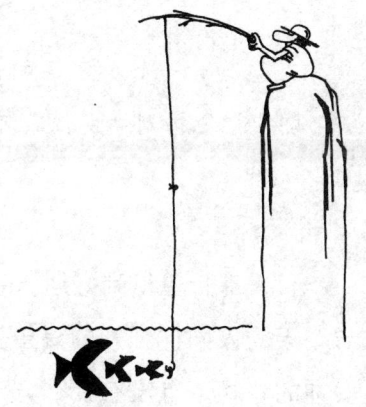

人人都希望自己得到好运。

行动将使你成功地实现你的愿望。

积极行动的人才能吸引幸运女神的青睐。

> 如果一个人幸运的话，那么他的好运就会无穷无尽。即使把他扔到幼发拉底河里，他也会抓一把珍珠上来。
>
> ——巴比伦谚语

人人都希望得到好运。4000年前古巴比伦的人对好运有着与今天的人同样强烈的渴望。我们都希望能够得到无常的幸运女神的眷顾。有没有什么方法可以使我们得到她的青睐和恩赐呢？

有没有办法可以引来好运？

古代的巴比伦人也十分关心这个问题，并决意找到它的答案。他们都是些十分精明的人和敏锐的思想者。这也说明了为什么巴比伦能够成为当时世界上最强大的城市。

在遥远的古代，人们没有学校或大学，但是他们有一个学习的中心，而且非常实用。在巴比伦的高楼大厦中屹立着一座与巍峨的王宫、空中花园和各个神庙齐名的建筑。你可能在历史书中很少读到它，这些书里很可能根本就没有提到它，但是

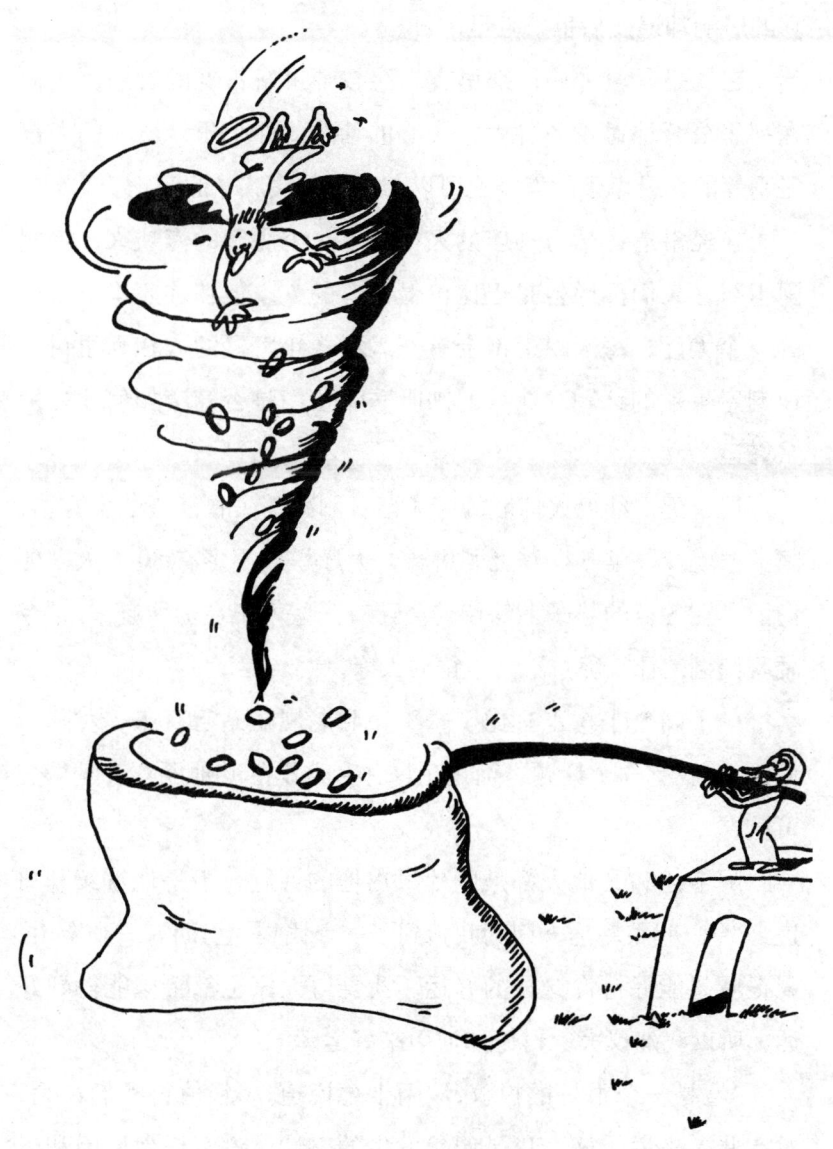

人人都希望得到好运。

它的影响却遍及后世，直至今日。

它就是学习神庙，那里有志愿教师讲解古老的智慧，人们在那里公开地讨论各种大家关心的话题。在那里，所有的人都是平等的，最卑下的奴隶也可以与王室的贵族一起辩论。

在经常造访学习神庙的人中，有一个聪明的有钱人，名叫阿卡德，人们都说他是巴比伦最富有的人。他在神庙里有自己的一个大厅，每天晚上都会有一大群各年龄段的人在那里讨论他们感兴趣的话题。让我们来听一听他们是否知道如何才能引来好运。

这一天，红色火球般的巨大落日刚刚消失在沙漠的尘雾里，阿卡德就像往常一样登上了讲台。大厅里差不多有80个人，他们散坐在各自的垫子上等待着。还有一些人正在匆匆赶来。"今晚我们讨论什么呢？"阿卡德问大家。

一个高个子织工犹豫了一下，照老规矩站起身来，对阿卡德说："我有一个话题，但是也许你和这里的其他朋友会觉得它可笑。"

阿卡德和其他人都鼓励他说出他的话题，于是他继续开口道："今天我很幸运，因为我拾到了一个钱袋，里面有一个金币。我很希望能保持像这样的好运。我觉得大家也都希望能得到好运，所以我建议大家讨论如何引来好运。"

"这是一个很好的提议，"阿卡德说道，"很值得我们讨论。对有些人来说，好运只是偶然发生的事情，没有任何原因和确定性。而其他人则相信好运是慷慨的幸运女神阿什塔的恩赐，她总是给自己喜欢的人带来丰厚的礼物。我的朋友们，你们说大家是不是需要讨论一下用什么办法才能得到女神的青睐呢？"

"是啊，是啊！我们很想知道！"大厅里的人越聚越多，他们都急切地想听到阿卡德的看法。于是，阿卡德接口说道："在开始讨论之前，让我们先听听还有没有人像刚才那个织工一样，没有付出半点努力就幸运地得到或者找到了钱财或是珠宝。"

人群安静了下来，大家都在等着听，没有人回答。

"什么，没有人吗？"阿卡德开口道，"这样看来，这种好运实在是不多见。有谁知道我们到哪里可以找到好运吗？"

"我也许知道一点。"一个衣着漂亮的年轻人站起来说，"当人们谈及运气的时候，难道不会很自然地想到赌桌吗？参加赌局的人不都是在乞求能够得到幸运女神的保佑吗？"

当他准备坐下的时候，一个声音说道："不要停！继续说你的故事，告诉我们你是否曾经在赌局中得到过幸运女神的青睐呢？她是否曾经让所有的色子全都红色朝上，好让你的钱袋里塞满了庄家的钱，或者让所有的色子全都蓝色朝上，使你输掉自己的辛苦所得呢？"

年轻人和气地笑了笑，说："我承认她似乎根本就没有发现我在那里。但是你们其他人的情况怎样呢？你们有谁曾遇到过她在那里专门等着帮你们转色子吗？我们很想听听这些经历，并且还要学两招。"

"这个话题是很好的开头。"阿卡德插话道，"我们在这里聚会就是要全面地考察每一个问题的方方面面。如果忽略了赌局，我们就会漏掉一个大多数人都感兴趣的方面,很多人都希望靠运气用几个小钱赢得一大堆金子。"

"这让我想起了昨天的车赛,"另一个听众说,"如果幸运女神经常光顾赌场的话,她当然也不会漏掉车赛,那里金光灿灿的车子和满口白沫的骏马比赌局更令人兴奋。阿卡德,请你坦白地告诉我们,幸运女神是不是指点你在那些从尼尼微运来的灰马身上下注?我当时就站在你后面,当你下注的时候,我几乎不能相信自己的耳朵。你和我们中间的每个人都知道,整个亚述①没有一匹马能击败我们心爱的红棕马。

"幸运女神是不是悄悄地告诉你要在灰马身上下注,因为在最后一轮里内侧的黑马会被绊倒,影响红棕马的比赛,这样灰马就能捡个便宜,赢得比赛了?"

阿卡德微笑地看着这个讲话有趣的人,说:

> 为什么我们觉得幸运女神会对世人赌马有如此的兴趣呢?对我来说,她是一位仁慈高贵的女神,喜欢帮助那些有需要的人,并给那些作出了努力的人以应得的回报。我并不是在赌局或赛马这类输多赢少的地方,而是在另外一些更有意义的事情中寻找她。
>
> 在耕耘土地、诚实的交易和所有的营生中,人们都有机会用自己的劳动和努力来获得利润。他们也许并不是总

---

① Assyia,美索不达米亚北部的王国。在今伊拉克北部。——译者注

很多人都希望靠运气用几个小钱赢得一大堆金子。

能得到回报，因为他们的判断有时是错的，而另一些时候暴风雨和恶劣的天气可能会毁掉他们的劳动成果。但是，如果能够坚持下去的话，他们通常都会得到自己应得的利润。这是因为赢利的机会总是垂青于这种人。

但是，一个人在赌博的时候，情况就不同了，因为赢利的机会总是和他作对，而偏向庄家。赌博游戏从被发明的时候起就一直是有利于庄家的。主持赌博就是庄家的营生，他们的利润就是赌徒输掉的钱。很少有赌徒能够明白，庄家其实是赢定了的，而赌徒自己却输赢不定。

比如说赌色子。每一次我们都下注说色子的哪一面会朝上。如果色子红色一面朝上的话，庄家就赔给我们4倍于赌本的钱。但是如果色子的其他面朝上，我们就输了。

一个人在赌博的时候，赢利的机会总是和他作对，而偏向庄家。

70

也就是说，每次掷色子的时候，我们有5个输的机会，但是由于红色一面朝上时我们可以得到4倍于赌本的钱，所以我们有4个赢的机会。经过一个晚上的赌局之后，庄家会得到所有赌徒下注总数的五分之一作为利润。一个赌徒最好的结果是输掉五分之一的赌本，他又怎么可能如自己所愿不断地赢钱呢？

"但是有的时候的确有人赢到很多钱啊。"一个听众插口说。

"是的，确实有这样的事，"阿卡德继续讲道，"请注意，我想到一个问题，那就是这些钱对于如此幸运的人来说是否具有永久的价值。我认识许多巴比伦的成功人士，但是据我所知，他们中没有一个人是靠这种办法发达的。

"你们今晚聚集在这里，你们也知道许多重要的人物。我很想知道他们中有多少人是从赌桌上起家的。你们每个人都把自己知道的说出来，怎么样？"

长长的沉寂之后，一个小丑鼓起勇气说："你说的包括赌局的庄家吗？"

"如果你们想不出其他的人，"阿卡德回答，"如果真是一个也想不出，那么你们自己有谁靠赌博致富了呢？我们这里有没有赌桌上的常胜将军？别不好意思承认你们财富的来源。"他的话在大厅的角落里引起了一阵笑声，而且很快感染了整个大厅。

"看来我们并没有在幸运女神经常光顾的地方碰运气，"他继续说道，"那么就让我们来看看其他的地方。我们发现指望走运捡到钱袋，或是在赌场大胜都不是好办法。至于赛马，我得承认我赢的钱远远不及输的多。

"现在，让我们来看看在自己从事的营生中有没有走运的机会。如果我们做成了一笔利润丰厚的生意，很自然地就把这认为是我们努力的回报，而不是交了好运。可我认为这种看法忽略了幸运女神的恩赐。可能就在我们不相信她的慷慨时，她却真的帮助了我们。有谁想说说看吗？"

这时，一个上了年纪的商人站起来，整了整他那体面的白色长袍，说："尊贵的阿卡德，还有我的朋友们，请允许我说一句。如果像你刚才所说的，我们把生意的成功归结于自己的能力和努力，为什么不能认为那些与我们失之交臂的生意才是利润最丰厚的呢？如果这些生意真的做成了，那才是好运的最佳佐证。可是由于它们并没有做成，所以我们不能认为自己得到了公正的回报。这里肯定也有很多人有类似的经历。"

"说得好！"阿卡德表示赞同，"你们中有谁曾看着手中的好运溜走了？"

人群中举起了许多手，其中也有刚才说话的那个商人。阿卡德转向他，说："既然你提出了这个问题，就让我们先听听你的经历吧。"

"我很高兴跟大家讲我的故事，"商人开始说道，"这个故事说明好运可以离一个人多么接近，而这个人却无知地让它溜走了，结果他遭到了巨大的损失，而且也十分后悔。"

他继续说道：

许多年以前，那时我还很年轻，刚刚娶妻，生意也有了不错的开始。有一天父亲来找我，热切地让我加入一项投资。他一个好朋友的儿子看中了离我们城市很远的一块土地，地势高出运河很多，没有水可以灌溉到。

　　我父亲朋友的儿子计划买下这块土地，在那里修建三个巨大的水车，用牛拉动，把水提升到这块肥沃的土地上来。在这之后，他计划把土地分成小块，卖给城里的人种植。

　　我父亲朋友的儿子没有足够的本钱来完成这个计划，他和我一样也是个有着不错收入的年轻人。他的父亲和我父亲一样也拥有一个大家庭和小康的生活。所以，他决定和其他人一起来实行这个计划，结果一共召集了12个人，其中每一个人都有自己的收入并且同意将其中的十分之一拿出来投资，直到积累到足够的钱来买下那片土地。然后，所有的人都将按照各自的投资得到分成。

　　"我的儿子，"我父亲对我说，"你现在已经是个成年人了，我非常希望你开始为自己谋求一份有价值的地产，好使自己成为一个受尊重的人。我希望自己的教训能够给你一些帮助。""我也希望从您那里得到指导，我的父亲。"我回答他。

　　"那么，这就是我的建议。做我在你这样的年纪应该做的事。从你的收入里拿出十分之一进行明智的投资。这样，你就可以在到我这样的岁数之前拥有自己的一份地产了。"

"你说得很对，我的父亲。我也很想得到财富。但是我的收入得用来做许多其他事情。所以，我不能肯定要按照你的建议做。我还年轻，还有很多时间。"

"我在你这样的年纪时也是这样想的，但是，许多年过去了，你看我现在还没有开始行动。""我们生活的时代不同了，我的父亲。我会避免重蹈你的覆辙。"

"机会就在你面前，我的孩子。你可能因此而发达。我请求你不要拖延。明天就去找我朋友的儿子，和他商量让你也加入投资，拿出你收入的十分之一与他合伙。明天一早就去。机会不等人。今天还有机会，但它很快就会过去，所以千万不要拖延！"

虽然我父亲再三催促，我还是犹豫不决。商人们刚刚从东方运来漂亮的新袍子，我和妻子想每人买一件。如果我加入合伙投资的话，就不能买袍子了，而且还要放弃我们想要的许多其他乐趣。我迟迟没有决定，最后终于来不及了，我为此后悔不已。合伙投资的丰厚利润超出了任何人的想象。这就是我的故事，我就这样让好运白白溜掉了。

一个来自沙漠、肤色黝黑的人评论道：

这个故事说明好运只垂青那些愿意抓住机会的人。要获得财富总得从头做起。这个开始很可能就是一个人从自己的收入中拿出几个金币或银币进行投资。我是一个牧人，拥有很多牲畜。我从小就开始放牧，那时我用一个银币买了一头小牛。而这头小牛就是我财富的开端，对我来说意义重大。

为积累财富而采取最初的行动是每个人都能得到的好运。最初的行动是非常重要的，它使一个人从靠双手劳动赚钱转变为利用自己的财富进行投资获利。有些人幸运地在年轻时就开始这样做，所以他们比行动较晚的人和那些根本没有行动的人成功得多。

如果我们的朋友，那位商人，在年轻的时候抓住了投资的机会，他现在就会拥有更多的财富。如果那位走运的织工用他得到的财富去投资的话，肯定会得到更大的好运。

"谢谢你！我也想说几句。"一个来自外国的陌生人站了起来，"我是叙利亚人，不是很会讲这里的语言。我想为这位商人朋友起一个绰号，你们可能觉得这不大礼貌。我不知道用你们的语言应该怎样说，但是用叙利亚的语言说出来，你们又听不懂。所以，有没有哪个好人能告诉我你们怎么称呼这种人，他们对那些对自己有很大好处的事情也拖延着不做。"

"拖延者。"一个声音说。

"对了，就是这个词，"叙利亚人兴奋地挥舞着手臂大声说，"他在机会到来的时候没有抓住它，却在等待，推说自己眼下有很多事要做。最后，我告诉你们，幸运女神就不会再等待这种慢吞吞的家伙了。她认为如果一个人想拥有好运的话就必须立

这头小牛就是我财富的开端。

刻行动。当机会到来时，任何优柔寡断的人都会像我们这位商人朋友那样坐失良机。"

人们哄笑起来，但是那位商人还是站起身十分好脾气地向叙利亚人鞠了一躬，说："我很敬佩您说真话的坦白，外来人。"

"现在让我们来听另外一个关于机会的故事。谁能再给我们说说自己的经历？"阿卡德问众人。

"我来！"一个穿着红色长袍的人说道：

我的营生是贩卖牲口。大多数是贩卖骆驼和马匹，有时我也贩卖一些绵羊和山羊。我的故事是说机会在我最意想不到的一个晚上突然降临了。可能正是因为如此，我又让它溜走了。究竟如何，你们还是听我讲完再评论吧。

有一次，我外出了10天去寻找值得贩卖的骆驼，结果一无所获，当我来到城门口的时候，却懊恼地发现城门已经关了。我的奴隶们开始搭帐篷准备过夜，我们只有很少的食物，而且连一滴水也没有，看来这一晚只好又饥又渴地度过了。这时候，来了一个上了年纪的农场主，他和我们一样被关在城门外了。

"尊敬的先生，"他对我说，"我看得出你是个贩卖牲口的人。如果我猜得不错的话，我愿意卖给你一群很好的羊，我刚好把它们赶来了。唉，我的老伴儿现在病得很重，正躺在床上。我必须尽快赶回去。你买了我的羊，我就可以和我的奴隶们立刻骑着骆驼回家去了。"

当时天很黑,我看不清他的羊群,但是从羊的叫声来看这是很大一群羊。我已经浪费了10天徒劳地寻找骆驼,所以现在很愿意跟他谈这笔生意。他正要着急赶路,肯定会要一个最合理的价钱。我同意了这笔生意,心想第二天一早我的奴隶们就可以把羊群赶进城里,卖个好价钱。

生意谈妥了,我叫奴隶拿来火把好清点羊群的数目,据那农场主说一共有900只。我的朋友们,我不想过多地讲述我们如何清点这么多渴极了而且乱哄哄的羊,免得你们觉得厌烦。结果证明这样根本数不清。所以,我就生硬地对农场主说我要在天亮以后再清点这些羊,然后付钱给他。

"我请求你,尊敬的先生,"他恳求我说,"现在你只要付给我三分之二的钱就可以,我急着赶路。我将把我最聪明的奴隶留下,他受过教育而且很可靠,可以在明天早上和你结清剩下的钱。"

但是我很固执,拒绝在那天晚上付钱给他。第二天一早,我还没有醒来,城门就开了,有4个贩卖牲口的人急匆匆地跑出来寻找货源,最后用高价买下了那群羊,因为听说城市即将被围困,而城里储备的粮食并不充足。他们交易的价格几乎是我们开始谈定的价格的3倍。好运就这样溜走了。

"这真是个不寻常的故事,"阿卡德说,"它说明了什么道理呢?"

"道理就是当你觉得一笔交易很好的时候，就应该立即付钱，"一个做鞍子的老匠人说，"如果遇到一笔很好的交易，就要努力抵制我们自身和其他人的弱点。凡人都是善变的。而且，我敢说我们改变主意的结果总是把好事弄坏的时候多些。我们往往固执地坚持错误的选择，而当一个正确的选择来到面前时，却又让机会轻易地溜走。我的第一次判断总是对的。但是，我却常常无法使自己坚持下去，完成一笔很好的交易。所以，为了克服自身的弱点，我后来在做生意的时候总是先付定金。这的确帮我挽救了许多好运。"

"谢谢你！我还要说两句。"那个叙利亚人又站了起来，"有许多故事都是这样，而人们每一次都是因为同样的原因痛失即将到手的机会。幸运女神总是带着好运来到拖延者跟前，而这些人却没有一次对自己说'现在机会来了，我得赶快行动'。如果人们总是这样做事，又怎么可能成功呢？"

"你说得很有道理，我的朋友，"贩卖牲口的人说，"在这两个故事里，好运气都从拖延者的手中溜走了。但是，这种事情并不稀奇。所有的人都有惰性，喜欢拖拖拉拉。我们想得到财富，但是有多少次当机会来到时，我们自身的惰性就在那里作祟，给我们制造出种种推脱的借口。我们屈服于这些借口，就成了自己最大的敌人。"

"在我年轻的时候并不知道这位叙利亚的朋友所说的'拖延者'这个词。我开始一直以为自己是由于没有很好的判断力才失去了很多有利可图的生意。后来，我又把这归罪于我的固执。

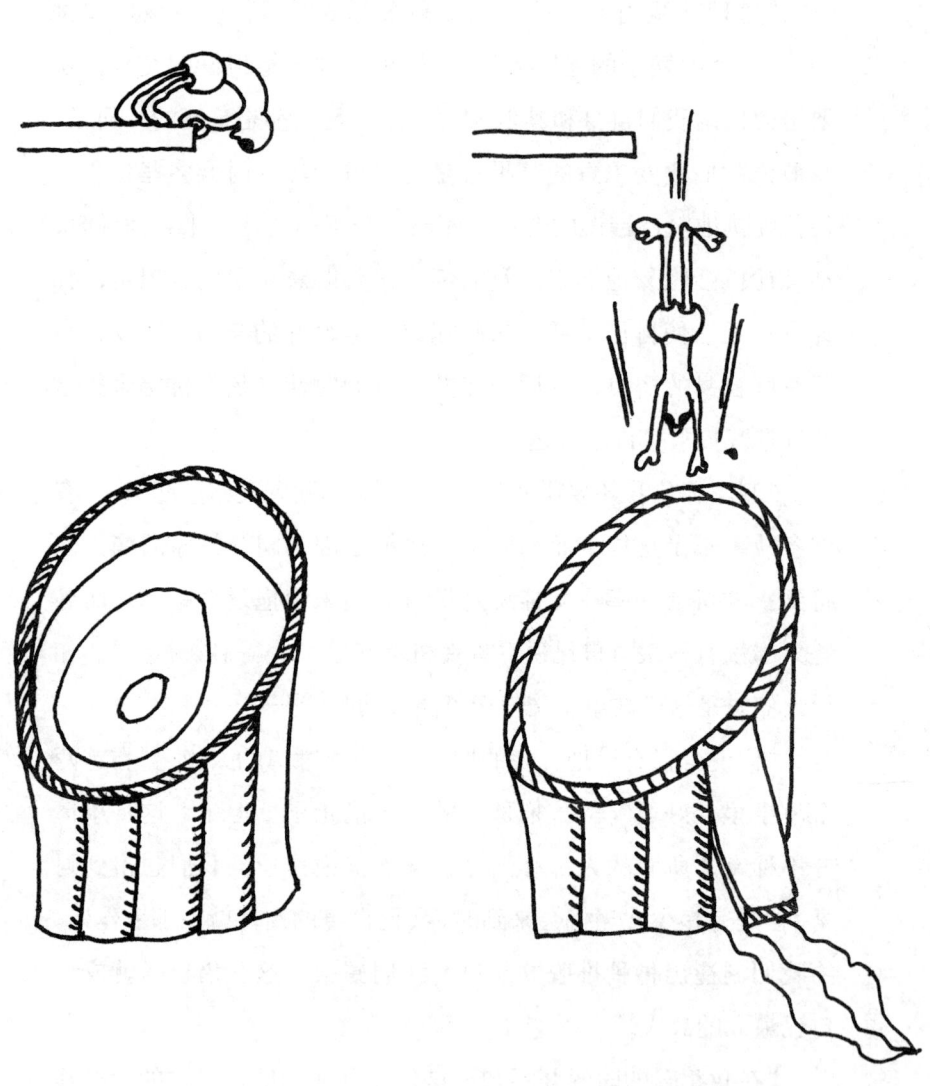

我们往往固执地坚持错误的选择，
而当一个正确的选择来到面前时，却又让机会轻易地溜走。

直到最后，我才知道机会溜走的真正原因——那就是在需要及时而果断地采取行动的时候，我却在毫无必要地拖延。当我明白了这一切之后，真是恨透了这个坏习惯，于是决心除掉这个阻挡我获得成功的障碍。"

"谢谢你！我想问刚才的那位商人先生一个问题，"叙利亚人说道，"你穿着体面，不像是个穷人。你说话的时候也像个成功人士。请告诉我们，你现在还被惰性左右吗？"

"就像我们的朋友，那位贩牲口的人一样，我也被迫认识到了惰性的害处，而且征服了它，"商人回答说，"对我来说，惰性是个危险的敌人，它总是潜伏在那里，伺机破坏我的成功。我刚才所讲的故事只是惰性害我失去机会的一个例子罢了。不过，只要一个人认识到了惰性的危害，克服它就不难了。没有人心甘情愿让贼抢走他的粮食。同样，也没有人愿意让任何敌人赶走他的主顾，夺走他的利润。当我意识到惰性就是破坏我生意的罪魁祸首之后，就立刻下决心要征服它。所以，每一个想要在巴比伦的财富中分一杯羹的人都应该首先征服自己的惰性。"

"你怎么看，阿卡德？因为你是巴比伦最富有的人，所以很多人都认为你才是最幸运的。你是不是也同意我的看法，认为一个人除非完全战胜了惰性，否则就不可能获得最大的成功？"

"你说得很对！"阿卡德回答道，"在过去漫长的日子里，我看着一代又一代人努力地通过做生意、研究科学和钻研学问来谋求成功。机会光临了所有这些人。有的人抓住了机会，稳步地走向自己最向往的目标，但大多数人都因为犹豫和善变而落在了后面。"

阿卡德转向了那个织工，说道："是你提议我们讨论好运的问题。让我们听听你现在对这个话题有些什么看法吧。"

"我认为生活中有各种各样的好运。我从前以为一个人不用花费任何努力就可以遇到好运。现在，我知道了好运也不能不劳而获。听了大家的讨论，我知道了，要想引来好运，就必须把握机会。所以，我以后一定要好好利用来到身边的机会。"

阿卡德又说：

你说出了我们讨论的真理所在，我们发现，好运往往是伴随着机会到来的。我们的商人朋友如果当时抓住了幸运女神放在他面前的机会，他就能获得巨大的好运。同样地，我们贩牲口的朋友如果在当天晚上及时买下那群羊，也能得到相当丰厚的利润。

我们在一起讨论是为了找到吸引好运降临的办法。我觉得我们已经找到方法了。前面的两个故事都说明好运是和机会一起到来的。许多成功或失败的故事也能说明同样的真理，那就是：要得到好运，就要抓住机会。

那些积极把握机会的人才能引来幸运女神的垂青。她总是乐于帮助那些能够果断地采取行动的人。

行动将使你成功地实现你的愿望：积极行动的人才能吸引幸运女神的青睐。

好运往往是伴随着机会到来的。

第5章　5个黄金法则

　　人们能衡量出黄金的价值，但是谁又能衡量出智慧的价值呢？没有智慧，人们很快就会失去手中的金子，但是有了智慧，人们就可以白手起家创造财富。

"有一袋金子和一块刻着真理的黏土板放在你面前,你选哪个呢?"

一群人正围坐在沙漠灌木的摇曳火焰旁,津津有味地听着。

"金子,金子。"这 27 个人异口同声地说。

年迈的卡拉巴睿智地微笑着。

"听!"他举起一只手,继续说:

听,野狗正在夜幕下嗥叫。它们叫得这样凄厉,是因为饥饿难耐。那就去填饱肚子好了,但是它们在做什么呢?争斗和炫耀。它们根本不顾明天应该怎么过,只是不停地争斗和炫耀。

人类也是如此,当你要他们在黄金和智慧之间作出选择的时候,看看他们都干了些什么?他们忽视智慧,然后将到手的黄金挥霍一空。这些人整天便会牢骚不断,因为他们的金子用完了。

只有那些懂得黄金法则并遵照这些法则去做的人才能

得到金子。

卡拉巴用白色的袍子把他的瘦腿裹紧，夜里的风又冷又强。

"因为你们在长长的旅途中一直忠诚地为我服务，一直很好地照顾着我的骆驼，并且毫无怨言地穿越灼热的沙漠，勇敢地与强盗搏斗，保护了我的货物，我今晚就讲一个关于5个黄金法则的故事，我保证你们以前从未听过这个故事。

"你们要仔细听好我所说的话，如果你们能够理解其中的真谛，而且注意使用它们，就会在未来的日子里获得很多的金子。"

他顿了一顿。在巴比伦清澈湛蓝的天幕上，星星闪着明亮的光。人群后面隐约地现出他们的帐篷，为预防沙漠的暴风雨，这些帐篷都被牢牢地钉在地上。帐篷旁边整齐地码放着一垛垛货物，用皮子盖得严严实实。不远的地方，一群骆驼卧在沙地上，有些正在心满意足地反刍，其他的则已经发出了重重的鼾声。

"你已经给我们讲了许多故事，卡拉巴，"带头的一个工人开口说道，"我们希望能够得到你智慧的指引，因为明天我们就要各奔前程了。"

"我给你们讲的故事都是关于我在遥远而奇异的地方的历险，但是今晚我要告诉你们阿卡德的智慧，他可是一个既富有又睿智的人。"

"我们听说过他的许多事情，"带头的工人说，"因为他是巴比伦有史以来最富有的人。"

"他是非常富有，但那是因为他知道黄金法则，而且比其他任何人都精通。现在我就要把他的智慧告诉你们,这些也是很多年以前,当我还是个孩子的时候,在尼尼微听他的儿子诺马瑟说的。

"我和我的雇主在诺马瑟的豪宅里待到很晚,我们带去很多精美的地毯让他挑选,直到他对颜色和花色都满意为止。最后,他对我们的服务和货物十分满意,于是请我们和他一起坐下来品尝醇香的美酒。那酒很辣,到了肚子里面热乎乎的,一般人还真是喝不习惯。

"然后,他对我们讲述了他父亲阿卡德的伟大智慧,而现在我也将把这些告诉你们。"

卡拉巴开始讲道:

你们都知道,按照巴比伦的习俗,富有的父亲总是把儿子留在身边,好让他们以后继承自己的财产。但阿卡德却对这个习俗不以为然。所以,等诺马瑟到了成年的时候,阿卡德就让人把儿子叫来,对他说:

"我的儿子,我希望你能继承我的财产。不过,你必须首先证明自己有能力管理好它。所以,我想让你到外面的世界去用自己的本领创造财富,并成为一个受人尊敬的人。

"为了让你有个好的开始,我将给你两样东西,我自己当年就是靠这两样东西从一个穷小子白手起家积累了现在的财富。

"首先,我要给你一袋金子。如果你能很好地利用它,这将成为你未来财富的基础。

"另外,我要给你这块黏土板,上面刻着5个黄金法则。只要你按照这5个法则去做,它们就能给你带来力量和安全。

"10年后,你再回到这里,把你的情况报告给我。如果你能证明自己足堪重任的话,我就会让你成为我财产的继承人。否则,我将把所有的财产交给祭司,好让他们为我的灵魂向众神祈福。"

于是,诺马瑟就用精细的布把黏土板包好,带上他的金子,和他的奴隶一起骑着马上路了。

10年过去了,诺马瑟如约返回了他父亲的家,他的父亲举办了盛大的宴会欢迎他,还邀请了许多亲朋好友。宴会结束后,他的父母在大厅尽头像宝座一样的椅子上坐下来,而诺马瑟则站在他们面前,讲述自己的经历,就像他曾经答应过他父亲的那样。

天已经晚了,房间中弥漫着烟雾,油灯发出暗淡的光。穿着白色上衣的奴隶们拿着长柄的棕榈叶有节奏地扇着湿润的风。房间里的气氛高贵而肃穆。诺马瑟的妻子和他的两个小儿子,以及阿卡德家的亲朋好友们则坐在他旁边的坐垫上,急切地等着听诺马瑟的讲述。

"我的父亲,"他恭敬地开口说道,"我为您的智慧深深折服。10年前当我刚刚成年的时候,您告诉我要到众人之中去,而不要只等着继承您的财产。"

"您慷慨地把金子和您的智慧送给了我。关于那些金子,唉，我得承认我对它们的支配很失败。实际上，由于我缺乏经验和阅历，金子就像受惊的野兔一样从我的手中逃走了。"

父亲慈爱地微笑着，说："我的儿子，继续把你的故事详细地告诉我。"

"我决定出发去尼尼微，因为那是一个正在发展的城市，我相信自己能在那里找到机会。我加入了一个商队，还在那里交了很多朋友。其中有两个能言善辩的人，他们有一匹非常漂亮的白马，它能够跑得像风一样快。

"在旅行的途中，他们十分肯定地告诉我，在尼尼微的一个有钱人有一匹最好的马，从未在任何比赛里失败过。它的主人相信其他的马肯定都跑不过它。所以，无论赌注有多大，他都愿意赌他的马可以击败巴比伦一带所有的马。但是我的朋友们说那匹马和他们的马相比，简直就是一只瘸腿的驴子。

"他们愿意让我和他们一起下注赌马，说这是在帮我一个大忙。我被这个计划鼓动得跃跃欲试。

"结果我们的马输得很惨，而我也输掉了大部分的金子。"

父亲大笑了起来。

"后来，我发现原来这两个人勾结在一起骗了我，他们经常跟随商队到处旅行，寻找目标下手。你们明白了吧，尼尼微的那个人也和他们是一伙的，和他们一起分享赌赢的钱。这个狡诈的骗局给了我第一个教训,就是要保护好自己。

"而我不久就接受了另一个教训,而且和前一个同样沉痛。我在商队里还结识了另一个年轻人。他和我一样,都出生于富裕的家庭。他到尼尼微是为了给自己寻找一个合适的位置。我们到达尼尼微之后不久,他告诉我有一个商人去世了,而商人的一船货物正在贱卖。他说他愿意跟我合伙买下那些货物,但是他得先回巴比伦取来他的金子,后来他说服我先出钱买下所有的货物,并同意在我们以后合伙做生意的时候由他出钱。

"他迟迟不回巴比伦取钱,而且我渐渐看出他非但不是个精明的生意人,而且还喜欢大手大脚地花钱。我最后和他分道扬镳了,但在那之前,我们的生意已经陷入了困境,手里积压着许多根本卖不出去的货物,而且也没有钱再去买新的货物了。我把剩下的所有货物都卖给了一个犹太人,只得到了很少的钱。

"我的父亲,告诉您,在那以后的日子里我真是苦不堪言。我四处找活儿干,却一无所获,因为我没有任何手艺,而且也不懂如何做生意。我为了维持生计,只好卖了我的马、我的奴隶和我暂时不穿的袍子,但是贫困还是一天天地逼近了。

"不过,在那些困苦的日子里,我仍然记得您对我的信心,我的父亲。您让我到外面来闯荡,成为一个真正的人,我决心不让您失望。"

他的母亲听到这里,用手捂着脸,轻声地哭了起来。

"这时,我想起了您给我的黏土板,上面刻着5个黄金法则。于是,我仔细地读着您那智慧之语,突然发现如果我当初懂得了这些智慧,就不会失去我的金子了。我牢牢地记住了这些法则,准备在幸运女神下一次向我微笑的时候,依照长者的智慧明智地行事,再也不要像毛头小子那样鲁莽决定了。

"今晚,我将为在座的各位朗读我父亲10年前刻写在黏土板上送给我的智慧:

5个黄金法则

法则一:一个人只要坚持从他的收入中拿出至少十分之一用来为他的将来和他的家人创造财富,金子就会源源不断、越来越多地流入他的手中。

法则二:金子会为那些懂得如何使用它们的人忠实而勤恳地工作,像田地里的牲口一样为主人带来更多的财富。

法则三:那些在投资的时候谨慎行事、懂得向行家求教的人才能牢牢地保护好自己的金子。

法则四:那些对自己不了解的生意投资,或者不听从行家建议的人将失去他们的金子。

法则五：不现实地投资、听信骗子的花言巧语，以及轻信自己无知幻想的人都会在投资中失去自己的金子。

"这就是我父亲写的5个黄金法则，我觉得它们比金子本身更有价值，我后面的故事将向你们证实这一点。"

他又一次转向他的父亲，说："我刚刚讲述了自己的无知让我陷入了怎样的贫穷和绝望。"

"但是，人不会总是倒霉。我后来找到了一份工作，负责管理修筑外城墙的一群奴隶。

"得益于第一个黄金法则，我从每次领到的工钱里都拿出一个铜板保存好，最后攒够了一个银币。这是个很漫长的过程，因为我还得维持生计。我承认，父亲，我当时在花钱上十分斤斤计较，因为我想在10年之内赚回您在我离开时送给我的那么多金子。

"我和那些奴隶的主人成了好朋友，有一天他对我说：'你是个很精明的年轻人，从不乱花钱。你的积蓄是不是你靠工作挣来的钱呢？'

"'是的，'我回答说，'我把父亲给我的金子损失掉了，我想把它们赚回来。'

"'我看这是一个很好的目标，那么你知不知道你的积蓄也可以为你赚来更多的钱？'

"'啊，我在投资上栽过大跟头，失去了我父亲给我的金子，我现在害怕再次投资会把自己挣的钱也损失掉。'

"'如果你信得过我，我就教你如何让金子为你赚钱，'他说道，'外城墙在一年之内就能完工，到时就要开始用铜打造各个城门，用来保卫这个城市不受敌人的攻击。整个尼尼微都没有那么多的金属可以用来打造城门，而且国王也没有想到要解决这个问题。我的计划是这样的：我们有一群人将凑钱组织一个商队到远方的铜矿和锡矿去，从那里买回可以为尼尼微打造城门的金属。当国王下令打造城门的时候，城里只有我们出售金属，他就会给我们出个很好的价钱。即使国王不从我们这里买铜，我们也可以把它们卖给其他人，价钱也不会差。'

"我听了他的建议，觉得是个好机会，应该按照第三个黄金法则那样去做。结果确实没有使我失望。我们的合作非常成功，而且我原来很少的积蓄也通过这次交易大大增加了。

"后来，我又和这群人合伙做了许多次生意。他们都十分精通赚钱之道，在每次投资之前都十分仔细地讨论生意的计划，决不会冒险卷入可能赔本或无法获得利润的投资。像我从前与人合伙赌马这样的傻事，他们根本不会去考虑，而是立刻一针见血地指出其中的缺点。

"通过和这些人一起共事，我学会了要把金子投资在可以安全获利的生意上。随着时间的推移，我的财富增长得越来越快。我不仅赚回了曾经失去的钱，而且已经远远超过了那个数目。

"经过了不幸、考验和成功，我一次又一次地检验了父亲送给我的5个黄金法则，每一次都证明它们是完全正确的。对于那些不知道这些真理的人来说，财富来得难，去得快。但是对那些遵从这5个法则的人来说，赚钱并不困难，而且他们的财富还会为他们带来更多的财富。"

诺马瑟说完，示意一个站在房间后面的奴隶。这个奴隶分3次拿进来3个皮袋。诺马瑟拿过了其中一个袋子，放在他父亲面前的地板上，说："您曾经送给我一袋金子，巴比伦的金子。现在我带回同样重量的尼尼微的金子，就和我们约定的一样。"

他这样说着，又从奴隶的手中接过另外两个袋子，也放在了他父亲的面前。

"我用这些来向您证明，您的智慧在我心中比金子更加宝贵。可谁又能用金子来衡量出智慧的价值呢？没有智慧，人们就会很快地失去自己的金子，但是有了智慧，人们就可以白手起家创造财富，就像这3袋金子所能证明的那样。

"我能够站在您的面前讲述这一切真让我感到无比的满足，我的父亲，我因为您的智慧而成为富有的人，得到了人们的尊敬。"

父亲爱怜地把手放在儿子的头上，说："你学得很好，我有你这样出色的继承人真是幸运。"

卡拉巴讲完了他的故事，看着他的听众们。

他问道：

你们怎么看这个诺马瑟的故事？

你们中谁能为他的父亲或是岳父很好地管理财产？

如果你们对这些令人尊敬的老人说："我旅行了很多地方，学会了很多东西，做了许多工作，而且挣到了很多钱，但是我没有留下多少金子。有些钱被明智地花掉了，有些被愚蠢地花掉了，还有很多被我莫名其妙地失去了。"他们会怎么想？

你们认为命运本来就不公平，有些人注定富有，而其他人注定贫穷吗？你们错了。

如果一个人懂得这5个黄金法则，并好好利用它们，就会得到更多的财富。

因为我在年轻的时候学到了这些法则，而且照着它们做了，所以后来成了一个富有的商人。我之所以能积累起这些财富，并不是因为使用了什么魔法。

来得快的财富去得也快。

能够给人带来长久快乐和满足的财富是慢慢创造和积累的，因为那需要知识和决心。

对善于思考的人来说，赚钱只是一个小小的负担，但是他需要年复一年地背负着它，直到实现最终的目标。

这5个黄金法则都有十分丰富的含义，为了不使你们因为我讲的故事简单而忽略掉这些意义，我现在就再重复一遍。我从年少的时候就知道，除非完全理解了这些法则的含义，否则就无法体会到它们的真正价值。

一个人只要坚持从他的收入中拿出至少十分之一用来为他的将来和他的家人创造财富，金子就会源源不断、越来越多地流入他的手中。

一个人只要坚持从他的收入里拿出十分之一的钱用来进行明智的投资，就可以不断添置有价值的产业，为自己的晚年和身后的家人提供稳定的收入。这个法则还指出，这样的人可以很容易地赚到钱。我自己的经历就是很好的证明。我积累的金子越多，它们为我带来的收入就越多，也越快。这些就是第一个黄金法则说明的道理。

金子会为那些懂得如何使用它们的人忠实而勤恳地工作，就像田地里的牲口一样为主人带来更多的财富。

实际上，金子很愿意为拥有它的人服务，在机会到来的时候，它会急切地完成自我增值。每一个有积蓄的人都有机会利用手中的钱获得丰厚的利润。时间越久，财富的增长就越快。

那些在投资的时候谨慎行事、懂得向行家求教的人才能牢牢地保护好自己的金子。

老实说，金子总是愿意追随谨慎的主人，而抛弃粗心的主人。向善于理财者求教的人很快就能够学会如何保护自己的财富，明智地进行投资，并享受财富增长所带来的乐趣。

那些对自己不了解的生意投资，或者不听从行家建议的人将失去他们的金子。

那些拥有金子却不善于理财的人会觉得有很多投资都可以获得丰厚的利润，但很多时候这些投资不但有可能使他失去本钱，而且经过行家的分析，也不会带来很高的利润。所以，轻信自己，在不熟悉的生意中进行投资的人，常常会发现自己的决定并不完善，结果还要为无知而付出本钱作为代价。真正明智的人总是在理财行家的指点下进行投资。

不现实地投资、听信骗子的花言巧语，以及轻信自己无知幻想的人都会在投资中失去自己的金子。

刚刚得到财富的人经常会有一些像冒险故事一样令人兴奋的发财幻想。他们幻想自己的财富有着非凡的魔力，能够使不可能的利润成为现实。但是，请你们看看周围那些明智的人，他们知道任何暴利的背后都潜藏着巨大的风险。

不要忘记那些尼尼微的商人，他们决不会投资于任何

任何暴利的背后都潜藏着巨大的风险。

可能赔本或无法获得利润的生意。

关于5个黄金法则的故事就讲到这里了。在此，我已经把自己成功的秘诀告诉了你们。

这些秘诀也是真理，所有希望不必再像那边的野狗一样每天为食物发愁的人，都必须先学会这些真理，然后再把它们付诸实践。

明天我们就要进入巴比伦了。看！贝尔神庙里燃烧着永不熄灭的火光！我们已经可以望见那座黄金之城了。明天你们每人都将得到金子作为你们忠实服务的报酬。

10年之后，关于这些金子，你们会讲述些什么事情呢？

如果你们中有人像诺马瑟那样用自己的一部分金子来开始创业，而且遵循阿卡德的指点，明智地理财，那么10年后他们就会像阿卡德的儿子诺马瑟那样成为富有的人，并且得到人们的尊敬。

我们一生中的明智之举使我们开怀，也使我们受益。同样，我们不智的行为将带给我们痛苦的折磨，令我们永生难忘。而其中最令我们痛心的就是那些曾经来到我们身边，却被我们轻易放过的机会。

巴比伦有无数的财富，以至于人们已经无法用金子来衡量它们的价值。每年它们都会变得更加丰富，更有价值。和其他地方一样，不断增长的财富是一种回报，但只给那些不懈努力的人们。

魔力就在你自己的欲望之中。用你对5个黄金法则的理解来引导这些欲望,你也能够得到巴比伦财富中属于你的那一份。

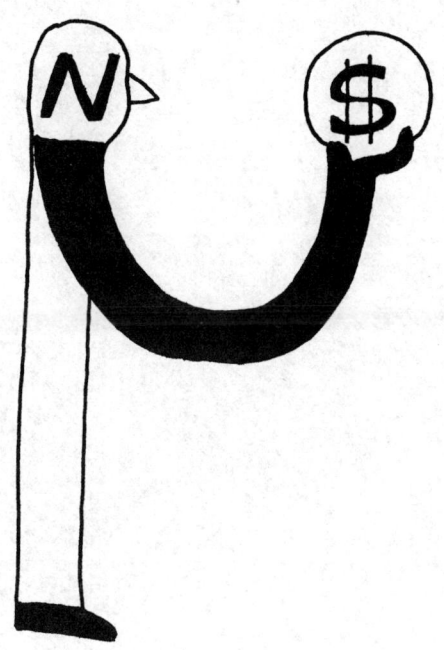

魔力就在你自己的欲望之中。

第6章 巴比伦的借贷商人

你会受到很多东西的诱惑,会有许多人建议你进行各种各样的投资,你将面对很多赢利的机会。你应该以我刚才讲的那些故事为戒:首先保证你的财富的安全,然后让这些财富为你创造更多的收入。

50个金币！罗丹的钱袋里从来没有放过这么多钱，他是古巴比伦的一个造矛匠，这时正从王宫的大道走出来，满心欢喜地感叹国王的慷慨。钱袋在他腰带上晃来晃去，里面的金子叮当作响，他从来没有听过比这更动听的声音了。

50个金币！全都是他的！他简直不能相信自己的好运。这些叮叮当当的小东西有多么巨大的力量啊！他可以用它们买下任何他想要的东西，一座豪宅、一块土地、牲口、骆驼、马匹、车子……任何东西。

他要用这些钱来做什么呢？当天晚上，他来到一条偏僻的街上，他的姐姐就住在那里，他想不出除了留着这些沉甸甸、光闪闪的金子之外，还能怎样处置它们。

几天后的一个晚上，罗丹不知所措地走进了马顿的店铺。马顿是一个借贷商人，同时还贩卖珠宝和华丽的布匹。罗丹没有向左右张望那些漂亮的商品，而是直接走向了店铺尽头处主人的房间。他来到后面，看见穿着体面的马顿正在吃饭，旁边有一个黑奴在伺候他。

"我想向您求教，因为我知道您是位行家。"罗丹傻乎乎地站在那里，叉着双脚，毛茸茸的胸膛从皮子上衣的领口处露出来。

马顿黄瘦的脸上现出一丝友好的微笑，向他致意："你有什么问题，想要请教一个借贷商人？你在赌桌上手气不好？还是有哪个漂亮的姑娘把你迷住了？我认识你这么多年，但你以前有难处的时候从不来找我帮忙。"

"不，不，不是像您所说的那样。我不是来借钱的。相反，我来这里是为了寻求您智慧的建议。"

"听听！这个人今天在说些什么啊。没有人会到借贷商人那里寻求建议。我一定是听错了。"

"您没听错。"

"真的吗？造矛匠罗丹看来的确比其他人聪明，因为他到马顿这里来不是为了借钱，而是要寻求建议。许多人到我这里借钱去做愚蠢的事，但是他们从不向我寻求建议。但是对于很多陷入麻烦的人来说，还有谁的建议比借贷商人的建议更有用呢？"

"来和我一起吃饭吧，罗丹，"他继续说，"今晚你将是我的客人，安多！"他命令那个黑奴说："给我的朋友加一个垫子。再拿些吃的来，还有，给他用我最大的酒杯，喝最好的酒。"

"现在，把你的问题告诉我吧。"

"是国王的赏赐。"

"国王的赏赐？国王给你的赏赐给你带来了麻烦？什么样的赏赐？"

"我为王宫卫士们设计了一种新式矛尖,国王对我的工作很满意,所以赏赐给我 50 个金币,但现在我不知道应该拿它们怎么办。"

"我一直在想应该和谁一起分享这些钱。"

"这很自然。很多人都想得到金子,但是没有多少人真正得到它,而且一旦有人得到金子,很快就会有许多人想分上一杯羹。可是,你不会对他们说'不'吗?你的意志难道并不像你的拳头这样坚硬吗?"

"我可以对许多人说'不',但是有的时候同意他们的要求更容易些。一个人难道能拒绝和他唯一深爱的姐姐分享他的金子吗?

"但是她这样做是为了她的丈夫阿拉曼,她想让他成为一个富有的商人。她觉得他一直得不到机会,所以求我把这些金子借给他,等他发达了,再把钱还给我。"

马顿说:

我的朋友,你提出的问题很值得说说。金子会给它的主人带来责任,也使他的地位发生变化。拥有金子的人会担心失去它或是被人欺骗,但同时也会觉得自己有了做好事的力量和能力。同样,金子也可能使拥有者因为自己的好意而陷入困境。

你有没有听说过那个能听懂动物语言的尼尼微农夫的故事?我想你可能没听过,因为像你这样的人一般不会在打铜作坊里谈论这类故事。我要把这个故事讲给你听，因为你应该知道，借钱并不是把金子从一个人手里转到另一个人手里那么简单。

这个能听懂动物谈话的农夫每天晚上都在农场的院子里走来走去，听动物们都说些什么。有一天晚上，他听到一头牛对一头驴子抱怨自己的命运："我从早到晚都在辛苦地犁地。不论天气多么热，我的腿多么累，还是被犁磨破了脖子上的皮，我都得干活儿。但是你却能享受清闲。你背上搭着漂亮的毯子，只要送主人去他想去的地方就可以了。在他不出门的时候，你可以整天休息，吃鲜美的青草。"

虽然这个时候驴子的脚正疼得要命，但它还是很好心地同情牛。"我的好朋友，"他回答说，"你确实很辛苦，为了让你不那么受罪，我要告诉你一个偷得一日清闲的办法。等早上奴隶们来拉你去套犁的时候，你要躺在地上，不断地哀号，这样他们就会说你病了，不能干活儿。"

于是牛听从了驴子的建议，第二天早上奴隶们就到农夫那里，告诉他，牛病了，不能拉犁。

"那么就让驴子拉犁吧，"农夫回答说，"现在不能停止犁地。"

驴子本来想帮助自己的朋友，结果却一整天都得替牛干活儿。到晚上摘下犁之后，驴子非常生气，他的腿几乎站不住了，脖子也被犁磨得火辣辣地疼。

农夫在牲口棚里逗留了一会儿，听他们说些什么。

牛先开了口："你真是我的好朋友，因为你的好主意，我才得了一天的清闲。"

"而我呢，"驴子说，"我和许多头脑简单的人一样，本来想帮朋友，结果却得去替他干活儿。从今以后，你还是拉你的犁吧，我听主人说，如果你再生病的话，就让人把屠夫叫来。我真希望他这样做，因为你是个懒惰的家伙。"从此他们谁也不理睬谁了，这件事结束了他们的交情。你知道这个故事说明了什么道理吗，罗丹？

"这个故事很有趣，"罗丹回答，"但是我听不出其中有什么道理。"

"我想你也听不出。但是这其中的确有道理，而且这道理很简单。那就是：如果你想帮助朋友的话，不要选择一个会让你自己反受其累的办法。"

"我从没有想到这一点。这真是个明智的道理。我不想替我的姐夫承担包袱。但是，告诉我，您借钱给那么多人，难道他们都不还钱吗？"

马顿像个经验丰富的智者那样露出了微笑，说："如果对方没有能力偿还的话，我会把钱借给他吗？借贷商人应该明智而谨慎地考虑，借钱的人是会把他的金子用在有意义的事情上，从而有能力偿还本息，还是会愚蠢地挥霍掉借来的金子，结果使自己陷入无力偿还债务的境况中。我要给你看一些抵押物，向你说明这一切。"

如果你想帮助朋友的话,
不要选择一个会让你自己反受其累的办法。

于是，他从里屋拿来了一个盒子，还有一块有铜饰的红色猪皮。他把盒子放在地上，双手扶着盖子。

马顿说：

每一个向我借钱的人，我都要让他给我一些东西做抵押，等他还钱的时候，我再把抵押物还给他。但是如果他没有还钱，抵押物就会提醒我，他辜负了我的信任。

这个盒子里的抵押物告诉我，把钱借给那些拥有比贷款额更多财产的人最安全。他们拥有土地、珠宝、骆驼或是其他可以卖了还债的东西。有些人给我珠宝做抵押物，它们的价值比他们借的钱高很多。其他一些人许诺说，如果他们不能还钱的话，就用一些东西来抵债。在这种情况下，我可以肯定自己能够收回本钱和利息，因为借钱的人有足够的财产做保证。

另一种借主是那些有能力挣钱的人。他们和你一样用自己的工作换来报酬。他们有稳定的收入，如果他们有诚实的人品，而且没有遭遇什么不幸的话，我相信他们是可以按照约定还给我本钱和利息的。借钱给这种人的时候就用借主的劳力做保证。

其他借主则是既没有足够的财产，也没有固定收入的人。生活是艰辛的，总是有一些人不能很好地适应生活。对于这些人，我的盒子告诉我，除非他们有值得信赖的朋友做担保，否则一个铜板也不应该借给他们。

马顿说完，打开了盒子。罗丹好奇地伸过头去看。

在盒子的最上面是一条放在红布上的皮围巾。马顿拿起围巾，爱抚地拍了拍，说："这条围巾将永远地留在这个盒子里，因为它的主人已经过世了。他是我的好朋友，我珍藏着他的抵押物，珍视对他的记忆。我们曾经一起成功地合伙做了很多次生意，直到有一天他从东方带回一个女人，并娶了她。这个女人很美，和我们这里所有的女人都不一样。她使他意乱情迷，让他大把地花钱，来满足她的欲望。最后他的金子全都花光了，于是伤心地来找我。我给了他一些建议，告诉他我愿意帮助他东山再起。他也发誓要重新开始，但是没有能够实现。在一次争吵中，她把刀刺进了他的心脏。"

"那她后来怎样了？"罗丹问道。

"是的，当然，这个就是她的，"他拿起了围巾下面的红布，"她在悔恨和绝望中跳进了幼发拉底河。这两笔债都不会再还了。罗丹，这就是说，把钱借给情绪激动的人是不明智的。"

"看这个！这个就不同了，"他又拿出一个牛骨雕刻的戒指，"这是一个农夫的，我买过他家的女人们编织的毯子。他们的土地遭受了蝗灾，颗粒无收。我借钱给他，帮他渡过难关，等到下一季庄稼收获的时候，他就把本钱和利息还给我。后来，他又到我这里，谈起一种远方才有的奇怪的羊，这是他从一个旅行者那里听说的。它们的毛又长又软，用这种羊毛织出的毯子比现在巴比伦的任何毯子都漂亮。他想买一群这样的羊，但是没有足够的钱。所以我就借钱给他,好让他上路去遥远的地方买回这种羊。现在他已经买回了羊,明年我就会拥有让巴比伦所有的富人都羡慕不已的最昂贵的毛毯了。我很快就要把这个戒指还给他了。他总是喜欢很快地还债。"

"有些借主还钱很快吗?"罗丹问。

"如果他们借钱是为了赚更多的钱,就会很快还债。但是如果有人是为了轻率的目的向你借钱的话,你就要考虑是否能安全地收回本钱和利息了。"

把钱借给情绪激动的人是不明智的。

"再讲讲关于这个的故事吧。"罗丹说着,从盒子里拿出一个样式奇异的镶嵌着宝石的金手镯。

"看来我的好朋友还是对女人感兴趣。"马顿打趣道。

"我可比你年轻多了。"罗丹分辩说。

"我承认这一点,但是这一次,事情恐怕并不像你想象的那么浪漫。这个手镯的主人是个满脸皱纹的胖女人,而且非常爱唠叨,只要听她讲几句话,我就会发疯。她和她的丈夫曾经很富有,是我很好的主顾,但是后来他们倒了霉。她有个儿子,她很想把他培养成商人。所以她来找我借金子,要让她的儿子在一个商队里入伙,跟随他们一起在各个城市做买卖。

"商队的头儿是个无赖,他趁那个可怜的小伙子睡着的时候偷偷地离开,把他丢在了一个遥远的城市。这个年轻人在那里既没有钱,也没有朋友。本来我们说好在这个女人的儿子成年时归还所有的本钱;但是在那之前我从没有得到任何利息——只有空头的许诺。不过,我承认这件珠宝完全抵得起他们借的那笔钱。"

"这位夫人有没有向你请教放债的学问呢?"

"恰恰相反。她一心想让自己的儿子在巴比伦成为一个有钱有势的人。要是我说别的,肯定会惹恼她,还会挨一顿好骂。我知道借钱给这样一个涉世未深的年轻人有很大的风险,但是她留下的抵押又让我无话可说。"

"这个是内巴特的,"马顿一边摇动着一根打成结的行李绳,一边说道,"他是个贩卖骆驼的人。有一次他想扩大他的骆驼群,于是拿着这捆绳子来向我借钱，我同意了他的要求。他是个很精明的生意人，我相信他的判断，所以借钱给他很放心。我可以同样放心地把钱借给巴比伦许多其他的商人，因为他们的行为总是令人尊敬。他们经常在我这里留下抵押物，总是很快就能取回去。出色的商人是我们这个城市的一笔巨大财富，为他们提供帮助可以让巴比伦的商业兴旺，也可以给我自己带来利润。"

马顿从盒子里拣出一个用乌龟壳雕刻的甲虫，厌恶地扔到了地上，说道：

一只来自埃及的虫子。拥有它的那个年轻人根本不在乎还债的事。当我指责他的时候，他却说："我一直倒霉，又怎么能还钱呢？再说你又不缺钱。"我能做什么呢？这个抵押物是他父亲的——那是一个小有积蓄的好人，他把自己的土地和牲口全都给了儿子去做生意。这个年轻人一开始很成功，于是就急切地想发大财。可是他缺乏经验，所以很快就破产了。

年轻人总是野心勃勃，想走捷径得到财富。为了发财，他们经常会不明智地借债。毫无经验的年轻人不明白，偿还无望的债务就像一个深坑，一旦掉进去，就得挣扎很久才能爬上来。这个深坑里充满了忧愁和悔恨，没有一丝明亮的阳光，而宁静的夜晚也会被不安的梦境扰乱。但是我并不反对人们借债，相反，如果人们借钱是为了明智的目的，我很鼓励他们这样做。我第一次成功的生意就是用借来的钱做成的。

但是，作为一个借贷商人，我在这种时候又能怎么做呢？那个年轻人一事无成，而且绝望透顶。他泄气了，根本不做任何还债的努力。但我不忍心让他的父亲用所有的土地和牲口来抵债。

"您告诉了我许多有趣的事，"罗丹说道，"但是，您还没有回答我的问题。我应不应该把我的50个金币借给我姐夫呢？他们对我很重要。"

马顿答道：

你的姐姐是个很淳朴的女人，我非常尊敬她。如果她的丈夫到我这里，说想借50个金币的话，我会问他要用这些金币做什么。

如果他回答说想像我这样成为一个珠宝珍玩商人，我就会对他说："你对这种生意了解多少呢？你知道在哪里可以用最便宜的价格进货，再到哪里去以公平的价格把它们卖出去吗？"他能对这些问题都做出肯定的回答吗？

"不，他不能，"罗丹承认道，"他曾经帮我做过矛，还在一些商店里帮过忙。"

马顿继续道：

那我就会对他说他借钱的目的并不明智。商人必须了解自己的生意。他的雄心虽然令人敬佩，但并不现实，所以我也不会借钱给他。

但是，如果他回答说："是的，我帮商人做过许多事。

他的雄心虽然令人敬佩，但并不现实，所以我也不会借钱给他。

我知道可以在士麦那用低价买到家庭编织的毯子。我还知道巴比伦有许多富有的人愿意出高价买这些毯子。"那么我就会说:"你借钱的目的很明智,而且你的打算也不错。如果你能保证连本带息偿还的话,我很高兴借给你50个金币。"但是,如果他回答说:"我只能用我的人格向你担保我会还钱,而且还会支付优厚的利息。"那我就会回答:"我很珍惜每一个金币。如果你在往返士麦那的路上遭到了抢劫,那么你就没有办法还债,而我的金币也会一去不返了。"

你看,罗丹,金子就是借贷商人的货物。如果不经过谨慎地考虑就把它借出去,它很可能再也回不到你手中了。明智的借贷商人决不会拿自己的金子去冒险。

帮助那些有困难或者遭遇不幸的人是件好事,帮助那些想要开始或扩展自己生意的人也是件好事。但是在帮助别人的时候,你应该明智地行事,否则就会落到和那个农夫的驴子一样的下场,本想帮助别人,却给自己找来了麻烦。

我又扯到别处去了,罗丹,现在我将回答你的问题:把你的50个金币留给自己。你靠工作得到的报酬是属于你自己的,没有人能够强迫你失去这些财富。如果借出它们能给你带来更多的财富,那就在谨慎的前提下把它们借给许多不同的人。我不赞成死守着金子,但是更不愿意冒失去它们的危险。

你做矛已经有多少年了?

"整整3年。"

"除了国王的赏赐之外,你存下了多少积蓄?"

"3个金币。"

"你每年都省吃俭用地存下一个金币?"

"是的。"

"所以要积攒50个金币,你就需要省吃俭用地辛苦工作50年?"

"那得花一辈子的时间。"

"你认为你姐姐会愿意用你一辈子在熔炉边辛苦工作才能攒下的钱去让她的丈夫成为一个商人吗?"

"如果照你这样说的话,她是不会愿意的。"

马顿接着说:

那就去对她说:"我每天从早到晚地辛苦工作了3年,而且还要省吃俭用,才能每年攒下一个金币。你是我最深爱的姐姐,我希望你的丈夫能在生意上发达。如果他能拿出一个让我的朋友马顿认为明智的计划,我就会很高兴地借给他我一整年攒下的钱,给他一个机会证明他能够在生意场上成功。"照我说的做,如果他真的渴望成功的话,就一定会向你证明。即使他失败的话,也有能力在日后把欠你的钱还给你。

我之所以成为借贷商人,是因为我在自己的生意中用不完我所有的金子。我希望自己多余的金子能够为别人服务，创造出更多的财富。我不想失去我的金子，因为它们是我付出了很大的努力，而且克制了许多欲望才节省下来的。所以在不能肯定对方是否能够如约偿还借款和利息的时候，我决不会轻易借钱给他。

我已经把我自己做借贷商人的一些秘诀告诉你了。你可以从我讲的这些故事中看到人的弱点：人们在没有足够能力还钱的时候就急于借债，幻想只要自己借到本钱就可以发大财，但实际上他们根本就没有足够的能力或经验去实现这些梦想。

罗丹，你现在应该用自己的金子赚更多的钱。你甚至可以像我这样，成为一个借贷商人。只要你能小心地保护好你的财富，它们就会为你带来非常丰厚的利润，让你一生都有稳定的收入，享受快乐的生活。但是如果你不小心失去它们的话，你就会在以后的日子里被悔恨纠缠。

你最希望怎样处置你钱袋里的金子？"

"保证它们的安全。"

"说得好！"马顿满意地说，"你首先的愿望就是保证这些财富的安全。如果你把它们借给你姐夫，他能保证让它们安全吗？"

"恐怕不能，因为他对理财一窍不通。"

"所以，不要被愚蠢的同情心左右，而把钱借给这样的人。如果想帮助你的朋友和家人，你可以选择一些不必使你的财富陷入风险的方法。记住，不善于理财的人很容易让财富从自己的手中流走。把钱交给这种人就等于让别人替你挥霍掉你的财富。

"除了保证它们的安全之外，你还想怎么处置你的财富？"

"用它们赚更多的金子。"

马顿满意地说：

你这个回答也非常明智，应该让财富为你创造更多的收入。如果一个人能够从你这样的年纪开始明智地进行投资，那么在他到达老年之前就能让自己的财富翻倍。但如果一个人冒失地投资，也可能失去所有的本钱。

所以，不要听信那些不现实的人吹嘘他们幻想的计划，说什么能用你的本钱赚到不寻常的丰厚利润。这些计划都是那些既不懂得如何保住本钱，又不知道如何做生意的人的白日梦。在拿出你的财富时一定要谨慎，追逐不现实的高利息通常只能给你带来损失。

尽量和那些有经验的成功商人打交道，他们可以用自己的经验和智慧保证你的本钱万无一失，同时为你提供可观的利润。

这样，你就可以避免很多投资者和借贷商人的厄运了。

当罗丹正要对他道谢的时候，马顿却没有停下来，而是继续说道：

国王的赏赐将教给你很多智慧。如果你打算把这50个金币留在身边的话，就得格外小心。你会受到很多东西的诱惑。会有许多人建议你进行各种各样的投资。你将面对很多赢利的机会。你应该以我刚才讲的那些故事为戒，在借钱给别人之前谨慎地考虑你能不能把它们连同利息一起安全地拿回来。如果你以后还需要我提供建议，尽可以来问我，我将很高兴帮助你。

　　在你离开之前，请读一读我刻在这个盒盖背面的一句话，它对借主和借贷商人都同样重要：谨慎一些总比事后懊悔好。

第7章 巴比伦的城墙

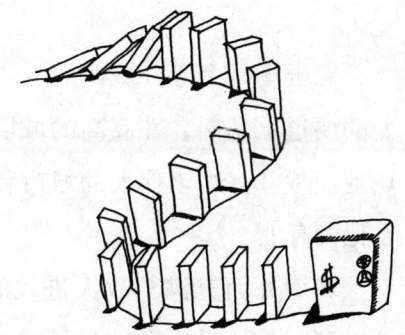

就像古巴比伦的城墙一样,今天的保险、储蓄和可靠的投资同样为我们筑起了坚不可摧的城墙,我们可以凭借它保护自己不受任何外来力量的侵害。

我们必须给自己建立足够的保护。

老班泽是个十分威武的卫士,他正在通向古巴比伦城墙高处的要道上站岗。在高高的城墙上,勇敢的兵士们正在为保卫城池而战斗。这座伟大的城市和里面成千上万人的未来全都系在他们身上。

城墙外面充满了敌人进攻的喧嚣,许多人在高声叫喊着,几千匹马惊天动地,攻城锤撞在铜制城门上的巨响震耳欲聋。他们只是来犯敌人的一小部分,巴比伦的君主正带领着本国的主力军队在东方远征埃兰人。没有人想到巴比伦会受到攻击,而且守城的军队也很少。但是亚述人突然从北方带着无数军队打到了巴比伦的城门下。现在,巴比伦人必须保住城墙,不然就只有灭亡。

班泽周围有许多吓得脸色苍白的市民,迫不及待地打听战斗的新进展。他们一脸敬畏地默默看着受伤和战死的士兵被人从通道上运下来。

攻击到了最关键的时刻。敌人在包围巴比伦 3 天后,突然对城墙和城门发动了猛烈的攻击。

守城的士兵用弓箭和热油阻止进攻的士兵从云梯爬上城墙，并用长矛把那些已经爬上来的敌人刺死。另一方面，城外的敌人也派了几千名射手朝城墙上放箭，这些致命的箭就像雨点一样落下来。

老班泽在他的位置上可以知道战况的每一步发展。他距离战场最近，可以清楚地听到每一个敌人在城墙上被刺死的惨叫。

一个年迈的商人爬着凑过来，他中风的双手不停地颤抖着。"告诉我！告诉我！"他哀求道，"他们会不会打进来？我的儿子们都在为国王效力。没有人能够保护我的老伴儿。他们会抢走我所有的货物和粮食。我们老了，老得不能保护自己，老得连奴隶都做不成了。我们会饿死的。我们会死的呀！告诉我他们会不会打进来？"

"别太激动，我的好商人，"卫士回答说，"巴比伦的城墙很坚实。回到你的店里，告诉你的老伴儿，我们的城墙将保护你们和你们所有的一切，就像保护国王的财宝一样。过来贴着城墙站，不要让飞过来的箭伤到你！"

老人刚刚离去，又有一个抱着孩子的妇人取代了他的位置："卫兵，上面有什么消息吗？请老实地回答我，我在担心我的丈夫。他受了很重的伤，躺在床上烧得很厉害，但他还是坚持要穿上铠甲，用长矛保护我和孩子的安全。他说如果敌人攻进城里的话，就会向我们无情地报复。"

"不要担心，现在你做了母亲，以后还会有更多的孩子，巴比伦的城墙又高又坚固，会保护你和你的孩子们。你没有听到我们的士兵在用滚烫的热油把云梯上的敌人烫得哇哇大叫吗?"

"是的,我听到了他们的叫声,但也听到了撞锤的声音,他们正在进攻我们的城门。"

"回到你丈夫身边去吧。告诉他城墙很坚固,经得住撞锤的攻击。企图从云梯爬上城墙的敌人也被我们的士兵用长矛杀死了。路上小心一点儿,赶快回家去。"

老班泽退到了一旁,为全副武装的增援部队让路。正当这些士兵拿着铜制盾牌,踏着重重的步子从他面前走过的时候,突然有一个小女孩鼓足勇气拉了拉他的腰带。

"求求你,告诉我,士兵,我们安全吗?"她哀求地问,"我听到可怕的响声,看到所有的人都在流血。我害怕极了。我们家里的人会怎样,我的妈妈、弟弟和小宝宝会怎样?"

年老的士兵眨了眨眼睛,探下身子回答孩子的问题。

"别害怕,小家伙,"他安慰她道,"巴比伦的城墙会保护你和你的妈妈,还有你的弟弟和小宝宝。塞米勒米斯[①]女王在100多年前就是为了保护像你们这样的人才修建了这个城墙的。它从来没有被攻破过。回家去告诉你的妈妈、弟弟和小宝宝,巴比伦的城墙会保护他们,他们不必害怕。"

老班泽一天又一天地站在他的岗位上,看着一批批增援的士兵经过通道到城墙去战斗,直到受伤或战死,再被运下来。

---

① Semiramis,传说中的亚述女王,以美貌和智慧闻名,据说是巴比伦城的建立者。——译者注

在他的周围总是围绕着惊恐的市民，他们焦急地询问着城墙是否能够守住。他一直表现出一个老兵的冷静和庄严，对每个人都回答说："巴比伦的城墙会保护你们。"

3个星期又5天过去了，敌人的攻势越来越猛烈。城墙后面的通道已经被无数伤者的血浸湿了，又被新来的援兵和运送伤者的人来来回回踏成了血泥。看着这一切，班泽的脸色越来越严肃和沉重了。每天，城墙前面都会有成堆的敌人的尸体，他们的同伴每天夜里都要来把这些尸体运回去安葬。

到了第四周的第五天夜里，攻城的战斗声还没有停止。但是当第一缕曙光照亮平原的时候，人们看到了敌人撤退时扬起的漫天尘土。

守城的士兵们大声欢呼起来，人人都知道这是为了什么。接着，在城墙后面准备增援的士兵们也欢呼了起来。最后，城市大街上的人们全都欢呼了起来，就像一场风暴席卷了整个城市。

人们从自己的家里跑出来，街道上挤满了人。几个星期令人窒息的恐惧现在终于被人们用快乐的声音疯狂地发泄了出来。贝尔神庙最高的塔楼上燃烧着胜利的火焰，直上天际的蓝烟把这个消息传到远方。

巴比伦的城墙又一次在强大凶猛的敌人面前保卫了城市里的财富和人民。

巴比伦之所以延续了几百年，就是因为它有着强大的保护。

巴比伦的城墙突出地表现出人们对安全的需要和渴望。这种渴望被人类代代相传,现在它在人们心中仍和过去一样强烈,但是我们保护自己的能力却已经大大提高了。

今天,保险、储蓄和可靠的投资同样为我们筑起了坚不可摧的城墙,我们可以凭借它们保护自己不受任何外来力量的侵害。

我们必须给自己建立足够的保护。

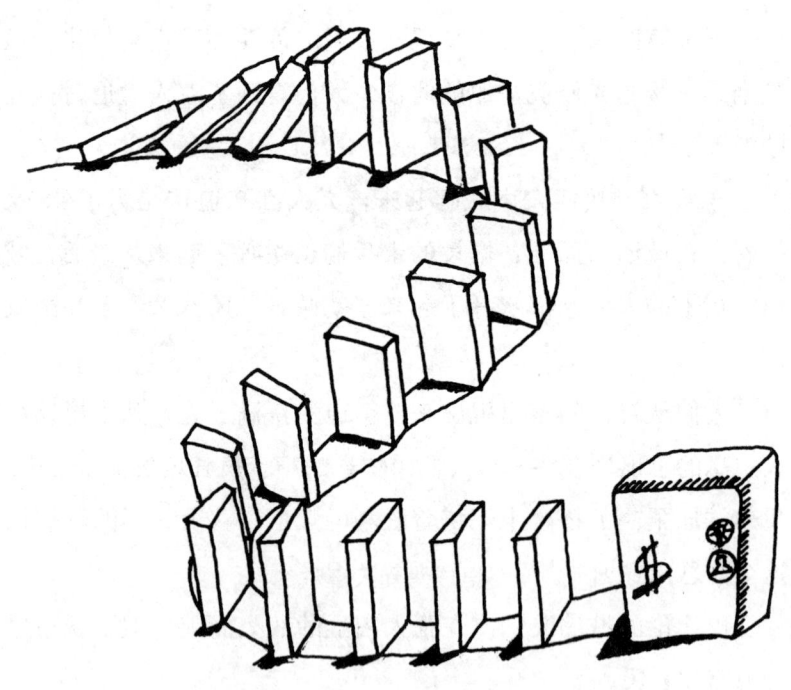

我们必须给自己建立足够的保护。

第8章 巴比伦的骆驼商人

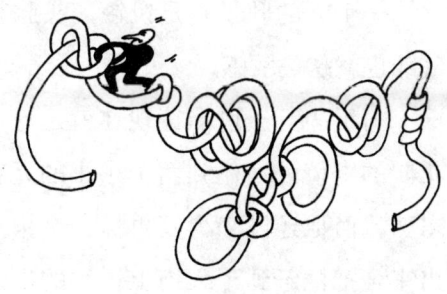

　　是你自身的弱点使你沦落到现在的地步,你要为自己的懦弱而指责众神吗?
　　一个有着奴隶般灵魂的人不论出身如何,总是会成为奴隶的,这就像水往低处流一样;一个拥有自由灵魂的人即使遭到了不幸,也终究会在自己的城市里成为受人尊敬的人。

一个人的肚子越是饥饿，头脑就越清醒——而且对食物的气味也就越是敏感。

阿祖的儿子塔卡德现在就是这样。两天了，他除了从一个花园的围墙外面偷到两个小小的无花果之外，没有吃过一点儿东西。而他还没来得及再抓一个果子，一个愤怒的女人就冲了出来，把他赶到了大街上。她的尖声叫骂直到他走过市场的时候还回响在他的耳朵里，终于管住了他不安分的手指，没有贸然从小摊子老板娘的篮子里抢一个诱人的果子。

他以前从来没有意识到巴比伦市场上有这么多食物卖，而且它们闻起来都这么香。离开了市场，他向旅店走去，在餐馆门前徘徊。也许在这里他能遇到一两个认识的人，这样就可以向他们借一个铜板去应付旅店老板难看的脸色了。只要一个铜板就能帮他的大忙。没有铜板，他知道自己是多么不受欢迎。

他正想着，突然看到自己对面站着一个自己最不想见到的瘦高个儿——骆驼商人达巴瑟。塔卡德向许多朋友和其他的人借过小钱，但是在这些人中最让他感到不舒服的就是达巴瑟，因为他总是不能按时向这个人还债。

达巴瑟看到他不禁眼前一亮，说道："哈！这不是塔卡德吗？我正找你呢，你该把欠我的两个铜板还给我了吧？你已经借了一个月了；还有我在那之前借给你的银币，也该还我了吧？我们遇见的正是时候。我今天就需要用钱。怎么样，年轻人，你说呢？"

塔卡德涨红了脸，说话也结结巴巴的。他正饥肠辘辘，根本没有精神跟这个口无遮拦的达巴瑟争辩。"我很抱歉，对不起，"他虚弱地低声说，"但是，我今天既没有铜板也没有银币可以还给你。"

"那就去挣，"达巴瑟坚持道，"你总该能够挣到几个银币和铜板来向你父亲的老朋友还债吧？他可在你需要的时候慷慨地帮助过你。"

"我现在很倒霉，所以没有钱还你。"

"倒霉！你要为自己的懦弱而指责众神吗？坏运气追随每一个只想借钱却不愿还债的人。跟我一起到餐馆里去吧，年轻人，我很饿了，而且我要给你讲个故事。"

面对达巴瑟的直截了当，塔卡德有些畏缩，但是接受这个邀请至少可以进入那个令人垂涎的餐馆。

达巴瑟带他来到餐馆里一个僻静的角落，两人在垫子上坐了下来。

当餐馆老板考斯科笑嘻嘻地来到他们面前时，达巴瑟还是同样出言无忌："你这只沙漠里的胖蜥蜴，给我拿一只又香又嫩的羊腿,还有面包和蔬菜。我饿极了,想大吃一顿。别忘了我的朋友,给他拿一碗水来,要凉的,现在天气太热了。"

塔卡德的心沉了下去。难道他只能坐在这里喝凉水,看着这个人大嚼整整一只羊腿吗?他什么也没说,因为他也不知道能说些什么。

但是,达巴瑟可停不住口。他微笑着和其他的客人挥手问好——他们所有的人都认识他——然后接着说起来:

"我听一个从厄法回来的旅行者说,那里的一个有钱人让人把石头磨得非常薄,简直已经透明了。他用这块石头做窗子来挡雨。旅行者说那石头是黄色的,他还得到允许从那块石头看

你要为自己的懦弱而指责众神吗?

出去，发现外面所有的东西都变得很奇怪，不像是真的了。你怎么看，塔卡德？整个世界能在一个人眼中完全变了颜色吗？"

"我想可以。"年轻人回答道。不过他对达巴瑟面前的羊腿更感兴趣。

"是啊，我也相信这可以，因为我自己就曾经把世界看成了另一种颜色，而我要讲的故事就是关于我后来怎样发现了世界原来的颜色。"

"达巴瑟要讲故事了。"旁边的一个客人对他邻座的人说着，把自己的坐垫移了过来。其他的客人也都拿着自己的食物，过来围坐成一个小圈。众人咀嚼的声音在塔卡德听来格外刺耳，每个人手中的肉骨头都撩拨着他的馋虫。只有他一个人没有东西吃。达巴瑟没有邀请他分享自己的食物，甚至没有示意他可以把掉在地上的一小块碎面包拾起来吃。

"我要讲的故事，"达巴瑟刚刚开始说，又停下来咬了一大口羊腿肉，"是关于我早年是怎么成为一个骆驼商人的。有没有人知道，我曾经在叙利亚当过奴隶？"

听众中响起一阵惊讶的低语，达巴瑟满意地听着人们的反应。

达巴瑟又撕了一大口羊腿肉，继续说道：

年轻的时候，我跟着我的父亲学习做鞋，我在他的铺子里帮工，还娶了一个妻子。因为年轻，而且手艺也不熟练，结果我挣的钱很少，只够勉强养活我的好妻子。我很想得到那些我买不起的好东西。不久，我发现有些店铺的老板可以让我赊账。

我那时年轻又无知，根本不知道那些不懂得量入为出的人都是在自掘坟墓，总有一天要陷入巨大的麻烦中，而且将自取其辱。就这样，我给自己和妻子买了许多我们无论如何偿付不起的奢侈品。

我尽力还债，在开始的一小段时间里还支撑得过去。但是，我渐渐发现自己的工钱已经不够维持生活和还债了。债主们开始逼我还钱，我的生活变得困苦不堪。我向朋友们借钱，但是也同样没有能力偿还。事情变得越来越糟，我的妻子只好回到娘家去，而我则要离开巴比伦，到其他城市去碰运气。

我跟随商队四处奔波，为商人们工作了两年，仍旧一事无成。后来，我加入了沙漠中的一个强盗团伙。我的所作所为愧对父母，但我当时完全用另一种眼光看世界，完全没有意识到自己堕落到了什么地步。

我们第一次抢劫非常成功，得到了很多金子、丝绸和其他值钱的货物。我们把这些财物带到了吉尼尔，在那里挥霍一空。

第二次抢劫的时候就没有那么幸运了。我们刚刚得手，就受到当地土著人的攻击，因为商队付了钱给那里的头领，要他保护他们的安全。我们的两个首领都被杀死了，其余的人则被带到了大马士革，被剥光了衣服，卖做奴隶。

那些不懂得量入为出的人都是在自掘坟墓。

一个叙利亚的沙漠头领用两个银币买了我。我被剃光了头发，只穿着一个围腰，和其他的奴隶没有什么两样。我那时是个不考虑后果的毛头小子，认为做奴隶也只不过是另一次冒险而已，直到我的主人把我领到了他的4个妻子跟前，说如果她们愿意的话，可以让我做太监服侍她们。

这时我才真正意识到自己的处境多么令人绝望。这些沙漠居民都非常凶悍好斗。我既没有可以用来抵抗的武器，也没有办法逃走，所以只好对他们唯命是从。

那4个女人看我的时候，我害怕极了，不知道她们会不会可怜我。西拉是我主人的第一个妻子，年龄比其他3个女人大。她看到我时一脸冷漠，我忐忑不安地掉转开脸。接下来是一个高傲的美人，她看我的眼神仿佛我只是地上的一只虫子。另外两个年轻的女人在一旁吃吃笑着，就好像这件事是个大笑话。

我站在那里等待对自己的宣判，时间长得似乎没有尽头。每一个女人看上去似乎都愿意让别人作决定。最后，西拉冷冰冰地开口了：

"我们已经有足够多的太监了，但是照料骆驼的人却不够，而且现在干这差事的奴隶也很差劲。我今天还得去看望我的母亲，她现在病得很厉害，可我却没有一个能信得过的奴隶帮我牵骆驼。问问这个奴隶会不会牵骆驼。"

于是我的主人就问我："你会使唤骆驼吗？"

我努力地掩饰着自己的激动，回答道："我可以让它们跪下，给它们装卸行李，而且可以带它们不知疲倦地长途旅行。如果需要的话，我还可以修理它们的缰绳和饰物。"

"这个奴隶说得够明白了，"我的主人说，"如果你愿意的话，西拉，就让他照料你的骆驼吧。"

于是我又转向了西拉，当天就领着她的骆驼走了很远的路去看她生病的母亲。我找了个机会感谢她为我求情，还告诉她我并非生来就是奴隶，而是个自由人的儿子，我的父亲在巴比伦是个受人尊敬的鞋匠。我又给她讲了我的经历。她的评语让我感到很不舒服，后来也想了很久。她说：

"如果是你自身的弱点使你沦落到现在的地步，你又怎么能说自己是个自由人呢？一个有着奴隶灵魂的人不论出身如何，总是会成为奴隶的，这就像水往低处流一样，难道不是吗？一个拥有自由灵魂的人即使遭到了不幸，也终究会在自己的城市里成为受人尊敬的人，不是吗？"

我做了一年多奴隶，和其他奴隶生活在一起，但是我不能融入他们。有一天，西拉问我："晚上其他奴隶在一起开心取乐的时候，你为什么一个人坐在帐篷里？"

我回答说："我在想您对我说的话。我不知道自己是不是有一个奴隶的灵魂。我没法和他们在一起，所以只好坐在一边。"

"我也得独自待着，"她坦白地说，"我有很多嫁妆，我的丈夫就是为了这个才娶我的。但是他根本不喜欢我。每个女人都渴望被人喜欢。但是因为我的丈夫不喜欢我,而且我也没有为他生下一男半女,所以只能在一旁坐冷板凳。如果我是个男人的话,宁死也不会这样做个奴隶,但是这个部族的传统让我们这些女人都成了奴隶。"

"您现在怎样看我呢?"我突然问她,"我的灵魂是和奴隶一样,还是和自由人一样?"

"你想不想还清你在巴比伦欠下的债务?"她对我的问题避而不答。

"是的,我想还,但是不知道应该怎样才能做到。"

"如果你心满意足地让一年年就这样逝去,却不作任何还债的努力,那你就只有一个令人蔑视的奴隶的灵魂。欠债不还的人连自己都不尊重,更不要说得到别人的尊重了。"

"可我正在叙利亚做奴隶,我又能怎样呢?"

"那你就在叙利亚做奴隶吧,你这个懦夫。"

"我不是懦夫。"我生气地回答。

"那就证明出来。"

"怎么证明?"

"伟大的国王不是正在调集所有的士兵四处征战吗?你的债务就是你的敌人。它们把你赶出了巴比伦。你把它们留在那里,可现在它们已经强大得你根本无力对付了。如果你当初像个男子汉那样跟它们斗争的话,你早就能够解决它们,赢得同胞们的尊重了。但是你那时根本不想和它们斗争,结果使自己尊严丧尽,在叙利亚成了一个奴隶。"

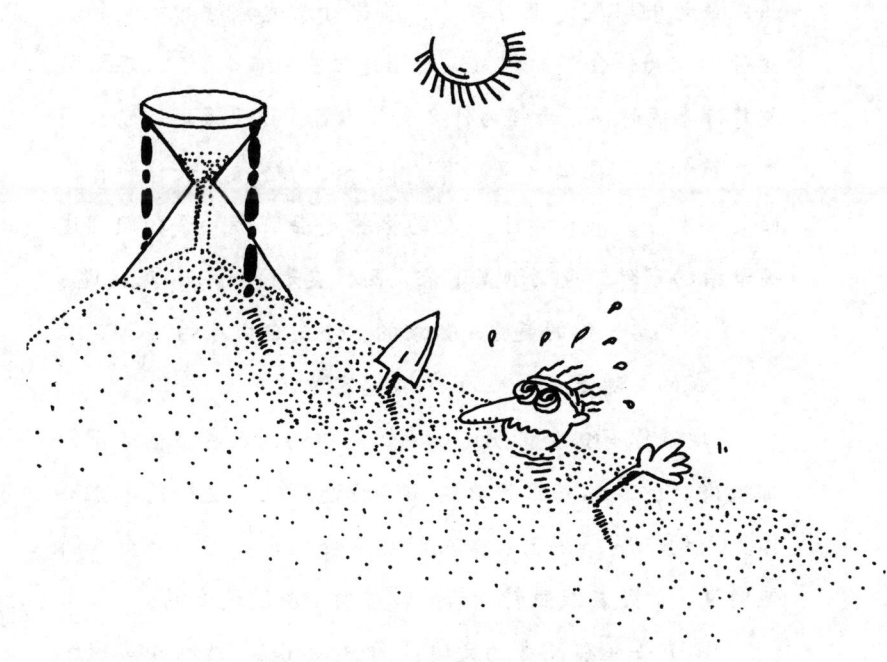

如果你心满意足地让一年年就这样逝去，
却不作任何还债的努力，那你就只有一个令人蔑视的奴隶的灵魂。

我翻来覆去地想着她对我不客气的指责，拼命给自己找各种各样的理由证明自己的灵魂并不是奴隶的，但是一直没有机会说明这些理由。3天之后，西拉的女仆把我带到了女主人面前。

"我的母亲又得了重病，"她说，"从我丈夫的牲口中挑两匹最好的骆驼，上好鞍子，准备好长途旅行的水囊和其他行李。女仆会领你到做饭的帐篷里去取食物。"我在给骆驼装行李的时候，奇怪为什么女仆准备了这么多的食物，因为西拉的娘家距离这里只有不到一天的路程。女仆骑在后面的骆驼上，我牵着女主人的骆驼走在前面。等我们到达她母亲的家时，天刚刚黑下来。西拉支走了女仆，对我说：

"达巴瑟，你的灵魂是奴隶的，还是自由人的？"

"我的灵魂是自由人的。"我坚定地回答。

"现在你有机会证明这一点了。你的主人和他的手下们都喝得烂醉。你乘机带着这些骆驼逃走吧。这个袋子里有你主人的衣服，穿上它，人们就不会认出你了。我会告诉他们说，你是在我照料母亲的时候偷了骆驼逃走的。"

"您有女王般高贵的灵魂，"我对她说，"我希望我能给您带来快乐。"

"逃跑的妻子在遥远的土地上跟陌生人在一起是不会有快乐的，"她回答说，"你自己走吧，愿沙漠上的众神保佑你忍受住饥渴，走完这长长的旅程。"

我简直迫不及待，于是热烈地感谢过她之后，就走入夜幕中了。我对这个地方十分陌生，只是模糊地知道巴比伦城的方向，但我鼓起勇气开始穿越沙漠，朝山地走去。我骑着一匹骆驼，牵着另外一匹，不停地走了一天一夜，害怕自己和其他偷了主人的财产逃走的奴隶一样遭到厄运。

到了第二天傍晚，我到了一个和沙漠一样荒凉的地方。坚硬的石头弄伤了骆驼的脚，这些忠实的牲口只好缓慢而痛苦地往前走。一路上，我没有遇到任何人或动物。我知道为什么他们会远远地躲避开这个可怕的地方。

很少有人能活着走完这个旅程。我们拖着沉重的步子一天天地走着。食物和水都没有了。火热的太阳让人感到酷热难当。在第九天快要结束的时候，我从鞍子上滑了下来，虚弱得甚至没有力气再爬上去，我可能就要死在这个荒无人迹的地方了。

我在地上伸展开四肢睡着了，直到出现转天的第一缕曙光。

我坐了起来，看着周围，清晨的空气凉爽宜人。我的两匹骆驼就在不远的地方。我的四周是一个破败王国的巨大废墟，被沙砾覆盖着，没有水，也没有任何人或骆驼可以吃的东西。

我就要在这样的平和宁静中死去了吗？我的头脑从没有这样清醒过。我的身体现在似乎已经不重要了，干裂流血的嘴唇、干涩麻木的舌头和空空的肚子都不像前一天那么令我痛苦了。

我望着茫茫无际的远方，又想起了那个问题："我的灵魂是和奴隶一样，还是和自由人一样？"这时，我清醒地意识到，如果我有一个奴隶的灵魂，就会放弃努力，在沙漠中倒下来死掉，这是逃跑奴隶应得的下场。

但是，如果我有一个自由人的灵魂，那又会怎样呢？当然，我要继续挣扎着走向巴比伦，向那些曾经信任过我的人还债，给爱我的妻子带来快乐，让我的父母过上平静满足的日子。

"你的债务就是你的敌人，它们把你赶出了巴比伦。"西拉是这样说的。是的，她说得对。为什么我当初没有像个男子汉那样坚持住？为什么我让自己的妻子回到娘家去？

奇怪的事情发生了。整个世界似乎变了一种颜色，仿佛从前挡在我面前的彩色石头突然破裂了。我终于看到了生活的真正价值。

我决不死在沙漠里！现在有了新的眼界，我知道自己应该做什么了。首先我要回到巴比伦，去面对我所有的债主。我要告诉他们，经过几年的流浪和不幸遭遇，我现在回来是要尽我的努力偿还欠他们的债务。然后，我要给我的妻子一个家，还要使自己成为一个受人尊敬的人，让我的父母为我而自豪。

我的债务是我的敌人，但是我的债主却是我的朋友，因为他们曾经信任过我。

我虚弱地站起来。饥饿又怎样？干渴又怎样？它们只不过是通向巴比伦的路上的一桩小事罢了。一个自由人的灵魂在我的身体里激荡着，我要回去征服敌人，报答朋友。我为自己的重大决定而兴奋不已。

两匹骆驼好像在我嘶哑的声音里听到了新的东西，它们的眼睛也亮了起来，奋力地挣扎着站了起来，继续向北方走去。我相信沿着这个方向，我们一定能走到巴比伦。

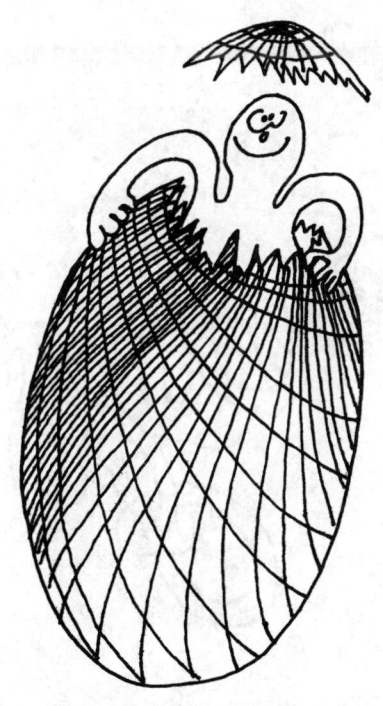

整个世界似乎变了一种颜色，仿佛从前挡在我面前的彩色石头突然破裂了。我终于看到了生活的真正价值。

我们找到了水，来到了一个肥沃一些的地方，那里有青草和果子。我们也找到了通往巴比伦的道路，因为自由人的灵魂总是把生活看成一连串的问题，并不断地解决它们；而奴隶的灵魂就只会呻吟："我是个奴隶，又能做什么呢？"

　　怎么样，塔卡德？你饥饿的肚子有没有让你的头脑变清醒？你有没有准备重新回到受人尊敬的道路上去？你想不想偿还你的债务——不论它们有多少——再次在巴比伦得到人们的尊重？

自由人的灵魂总是把生活看成一连串的问题，
并不断地解决它们。

年轻人的眼睛湿润了。他激动地长跪起来："你给了我启示，我现在已经感觉到自由人的灵魂在我的身体里激荡了。"

"但你回来之后是怎么赚钱还债的呢？"一个听众十分感兴趣地问。

"有志者事竟成，"达巴瑟回答道，"我已经下定了决心，于是就开始寻找办法。首先，我拜访了所有的债主，恳求他们耐心地等我挣到足够的钱来偿还他们。大多数债主都很高兴地接待了我，有几个人对我痛骂斥责，但是其他人都愿意帮助我。其中有个人给了我最急需的帮助，他就是借贷商人马顿。他听到我说自己在叙利亚时照看过骆驼，就把我带到了老内巴特那里，他是一个骆驼商人，刚刚接受国王的命令为远行购买大批骆驼。我对骆驼的知识在他那里派上了很好的用场。渐渐地，我还清了所有的债务。最终，我可以再一次挺胸抬头地做一个受人尊敬的人了。"

达巴瑟说完，又转向了自己的食物。"考斯科，你这蜗牛，"他大声叫着餐馆的老板，"食物都凉了。给我一些新烤好的肉，也给我老朋友的儿子塔卡德拿一份，他饿得恐怕都想吃了我。"

这就是古巴比伦的骆驼商人达巴瑟的故事。他在发现了一个伟大真理的时候也找到了自己的灵魂，而这个真理在他之前就被许许多多聪明人领悟了。

这个真理引导着各个时代的人们走出困境，实现成功，而且将继续指引那些能够理解其魔力的聪明人。它就是：有志者事竟成。

有志者事竟成。

第9章　巴比伦的黏土板

　　那个来自巴比伦尘封的废墟中的家伙教给了我一个闻所未闻的办法来还清债务，同时还能使我的钱包里装满叮当作响的金子。

诺丁汉大学考古学系教授斯图伯瑞致英国赴美索不达米亚希拉科学考察团主席富兰克林·卡尔德威尔教授的信：

亲爱的教授：

你最近在巴比伦废墟发现的5块黏土板和你的信已经同船到达。这些黏土板真是奇妙极了，我用了很长时间翻译那上面的文字，这个过程真令人愉快。我本想立刻给你复信，但还是决定等全文翻译完成之后再一并向你通报。

由于你谨慎地采取了保护措施，而且进行了出色的包装，所有的黏土板在运送过程中都没有受到损坏。

它们上面记录的故事肯定会令你和我们这些在实验室的人同样惊讶。人们可能以为黏土板上记录着遥远过去的浪漫或冒险故事，你知道，就是像《一千零一夜》之类的故事。但这些黏土板上却记录着关于一个叫达巴瑟的人还债的故事。看来在这个古老的世界中，许多事情虽然经过了5000年却仍然没有发生多大的改变。

你知道，这很奇怪，用学生们的话说，这些古老的记录的确跟我开了个玩笑。作为一名大学教授，我以为自己是一个有思考能力，而且对许多事物都具备一定实践知识的人。但是，那个来自巴比伦尘封的废墟中的家伙却教给了我一个闻所未闻的办法来还清债务，同时还能使我的钱包里装满叮当作响的金子。

我有个很有趣的主意，就是实验一下这个办法在当今社会是不是和在古代巴比伦一样有效。斯图伯瑞夫人和我决定试着用那个人的办法来解决我们自己的问题，我们的财务状况也不大好。

祝你的工作有更大的进展，期待下次还有机会再为你服务。

阿尔弗莱德·H.斯图伯瑞
1934年10月21日

第一块黏土板

我，达巴瑟，曾经在叙利亚做奴隶，刚刚逃回巴比伦，决心偿还我所有的债务，成为一个富有而且受人尊敬的人。在这个月圆之夜，我将我的计划永久地刻写在黏土板上，让它们指引和帮助我实现我的愿望。

我接受了好朋友马顿的建议——他是个借贷商人——决定按照这个计划去做,他说这个计划可以帮助任何正直的人摆脱债务的纠缠,获得自信。

这个计划包括3个目标,都是我所期望的。

首先,这个计划将使我发达。

为此,我要将收入的十分之一存起来,留给自己。因为马顿说得很对:

"钱袋装满金币和银币的人将给他的家人带来幸福,也可以使他忠于他的国王。

"钱袋里只有几个铜板的人对他的家人和国王都会漠不关心。

"钱袋空空的人不会善待他的家人,也不会对他的国王忠实,因为他自己内心痛苦。

"所以,想要成功的人就必须让自己的钱袋里装满叮当作响的钱币,这样他才会全心全意热爱他的家人,而且忠于他的国王。"

其次,这个计划可以使我为我忠实的妻子提供衣食,她已经从娘家回到我身边了。马顿告诉我,照料好一个忠实的妻子会使一个人拥有自尊,而且能使他有更大的决心和力量实现自己的目标。

所以,我用收入的十分之七来养家,购买衣服和食物,以及支付一些额外的费用,好让我们的生活中也有些享受和快乐。

但是他曾进一步强调说，如果要实现我的目标，就必须把收入的十分之一存起来，这是计划成功的关键。我必须用十分之七的收入来维持生活，决不能花更多的钱，或者不自量力地购买任何东西。

第二块黏土板

第三，这个计划可以让我用自己的收入还清所有的债务。

所以，每当月圆的时候，我都要从收入中拿出十分之二的钱分别偿还给那些曾经信任我的债主。这样，随着时间的推移，我总有一天会还清债务的。

我在这里要诚实地记录下我所有的债务：

织工法路，2个银币，6个铜板。
家具工匠辛扎，1个银币。
我的朋友阿玛，3个银币，1个铜板。
我的朋友赞卡，4个银币，7个铜板。
我的朋友阿斯卡莫，1个银币，3个铜板。
珠宝匠哈林瑟，6个银币，2个铜板。
我父亲的朋友迪亚贝克，4个银币，1个铜板。
我的房主阿尔卡哈德，14个银币。
借贷商人马顿，9个银币。

农夫毕里吉克，1个银币，7个铜板。

（后面的文字损坏了，无法读出。）

第三块黏土板

我所有的债务一共有119个银币加141个铜板。因为我当初的确欠下了这么多的债，所以就让妻子回到娘家去住，而自己也动身离开了巴比伦，去别的地方寻找发财的机会，结果却遭到了厄运，被屈辱地卖为奴隶。

现在，马顿告诉了我如何从收入中拿出一小部分来逐渐偿还债务，我意识到自己当初为逃避追求奢侈生活所带来的后果而离开是多么愚蠢。

于是，我拜访了我的债主们，向他们解释我只能用自己的收入来还债，而且每个月都将诚实地从收入中拿出十分之二偿还给他们，这已经是我最大的能力所及了。所以，如果他们能耐心等待，我就一定会把欠他们的钱全都还清。

我最好的朋友阿玛把我痛斥了一顿，我只好羞辱地离开了他的家。农夫毕里吉克请求我先还钱给他，因为他现在正等钱用。房主阿尔卡哈德实在是不通情理，他说如果我近几天不把钱还清的话，就会找我的麻烦。

但是，其余的人都接受了我的建议。于是，我更坚定了实施计划的决心，我相信还债比躲债更容易做到。虽然我无法满足一些债主的要求，但是我将一视同仁地对待所有的债务。

第四块黏土板

又是一个月圆之夜。我一直在努力工作，而且保持着心灵的平和。我的妻子也尽力帮助我偿还债务。因为我们的明智决定，我在过去的一个月里靠帮助内巴特购买腿脚强健的骆驼挣到了19个银币。

我把这些钱按照计划分成3份。十分之一自己存起来，十分之七用做我和妻子的生活开销。另外的十分之二被换成铜板，尽量平均地分别还给我的各个债主。

我没有见阿玛，只是把钱留给了他的妻子。毕里吉克收到钱时高兴得几乎要吻我的手。只有老阿尔卡哈德见我还钱还不高兴，说我应该更快些。我回答他说，我必须首先吃饱，没有其他的顾虑，才能更快地还钱给他。其他的人都向我称谢，而且对我的努力大加赞赏。

这样，在一个月结束的时候，我的债务几乎减少了将近4个银币，而我也存下了将近两个银币。我的心里比以前轻松多了。

月亮又圆了，我努力地工作，但是没有什么成效。我没有买到几匹骆驼，结果只挣到了11个银币。不过，我的好妻子和我宁愿不买新衣服，只吃很少的素菜，也要坚持按计划行事。

我们和上次一样，存起了十分之一的钱，用十分之七的收入过活。虽然钱并不多，但是阿玛和毕里吉克向我要债的时候还是让我吃了一惊。阿尔卡哈德接到钱时勃然大怒，然而，当我说如果他不想要可以还给我时，他还是让步了。而其他的人则跟从前一样对我表示满意。

又到月圆的时候了，我的心里现在高兴极了。我找到了一群很好的骆驼，从里面买了很多，一共挣到了42个银币。这个月，我和妻子都买了我们急需的衣服和鞋子，而且饭菜也改善了，经常有肉。

我们拿出8个银币和一些铜板还给债主。这次，连阿尔卡哈德都没有再挑剔什么。

这个计划真是了不起，因为它正在帮助我们逐渐摆脱债务，而且还让我们为自己积攒起了财富。

从我上次刻写黏土板到现在，已经过去了3个月。每次得到收入时，我都留下其中的十分之一存起来。每次我和妻子都用我收入的十分之七维持生活开销，虽然有的时候比较拮据，但我们还是坚持下来了。而且每次我们都用收入中剩下的十分之二来还债。

现在，我的钱袋里已经有了21个属于自己的银币，这使我能够挺胸抬头地和我的朋友们走在一起了。

我的妻子把家管理得很好，而且把自己打扮得也非常漂亮。我们的生活愉快极了。

这个计划真是无价之宝，它使我成了一个正直的人，而不是一个逃走的奴隶。

第五块黏土板

又是满月的夜晚，我已经很久没有刻写黏土板了。实际上，已经过去12个月了。但是，我一定要记录下今天这个日子，因为我刚刚还清了所有的债务。今天，妻子和我一同欢宴，庆祝我们的目标终于实现了。

我最后一次拜访债主时发生的许多事情都将永远留在我的记忆里。阿玛请求我原谅他以前对我说的刻薄话，还说我是他最想交的朋友之一。

老阿尔卡哈德毕竟没有那么坏，因为他说："你曾经是一团烂泥，任何人都可以用手挤压你、揉捏你，但你现在已经成了一块有棱有角的铜。以后如果你任何时候需要借钱，只管来找我好了。"

他并不是唯一一个赞扬我的人。许多其他的人和我讲话的时候也十分尊敬我。妻子看我时，她眼中的光彩让我感到非常自信。

不过，我的成功全都要感谢那个计划。它不仅使我还清了债务，而且还让我的钱袋里装满了叮当作响的金币和银币。我向所有希望生活变好的人推荐这个计划。既然它能够帮助一个逃跑的奴隶还清所有的欠债，而且使他的钱袋装满金子，难道就不能帮助其他的人实现财务独立吗？我并没有停止进行这个计划，因为我相信，只要坚持下去，我就会成为一个富有的人。

诺丁汉大学考古学系教授斯图伯瑞致英国赴美索不达米亚希拉科学考察团主席富兰克林·卡尔德威尔教授的信：

亲爱的教授：

如果你在对巴比伦废墟的进一步挖掘中遇到一个名叫达巴瑟的鬼魂——他是巴比伦的一个骆驼商人——请帮我个忙，告诉他，英国的一对教授夫妇因为他在很久以前刻写在黏土板上的话而终生感谢他。

你可能还记得一年前我写信对你说斯图伯瑞夫人和我要试着用黏土板上记录的方法摆脱债务，并为自己积累财富。虽然我们对朋友们守口如瓶，但是你可能也猜到了，我们当时非常窘困。

我们长久以来一直被一些旧债纠缠着，过着担惊受怕而又屈辱的日子，唯恐有些债主四处宣扬这件事，让我们丢了在大学教书的工作。我们把收入中能挤出来的每一个便士都用来还债，但还是不够。另外，我们还不得不继续赊账，尽管这样做要多花一些钱。

这就形成了一种恶性循环，使情况越来越糟。我们的努力渐渐变得无望。我们不能搬到便宜一些的房子里去住，因为我们欠现在房东的租金。我们似乎已经山穷水尽,没有任何办法可以改善自己的处境了。

这时,你的老相识——那个来自巴比伦的老骆驼商人——出现了,给了我们一个正好可以帮我们解决问题的计划。他的故事使我们跃跃欲试,想尝试一下他的计划。我们列出了所有的债务,然后把它拿给所有的债主看。

我向他们解释说,按照现在这样的方法,我根本不可

那个来自古巴比伦的老骆驼商人,
给了我们一个正好可以帮我们解决债务问题的计划。

能还清所有的债务。清单上的数字可以让他们清楚地看到这一点。然后，我又告诉他们，还清债务的唯一办法，就是我从每月的收入里拿出十分之二按比例分别偿还给他们，这样只要两年多一点的时间，我们就可以还清所有的债务。同时，我将用现金还钱和购物，这对他们也有好处。

他们真是非常高尚。我们的杂货店老板是个很精明的老人，他把我的话换成了另一种说法，说服了其余的人。他说："如果你在买东西的时候付现金，而且每月再还一些

每个月我都将诚实地从收入中拿出十分之二来还债。

债，那么情况肯定会比过去好，因为3年来你一直在赊账。"

最后，我让他们签了协议，保证在我定期偿还完所有的债务之前，不能来骚扰我们夫妻二人。接下来，我和妻子就开始想办法用收入的十分之七维持生活，并且把剩下的十分之一收入存起来。积累财富的想法还是非常诱人的。

这就像冒险一样。我们想方设法用十分之七的收入生活得舒适，这真是件有趣的事。我们首先考虑节省房租，然后放弃了我们从前对茶叶品牌的执著，而且惊喜地发现，用更低的价格就可以买到一流的好茶。

在信里说不完所有的事情，不过无论如何，用十分之七的收入来生活并不困难。我们在这一点上做得非常成功，生活得很愉快。没有了过去旧债的纠缠，我们都感觉放松多了。

不过，我还得给你讲讲其余作为积蓄的那十分之一的收入。不错，我们的确好一段时间都在这样存钱，不要马上嘲笑我们，你知道，这很有趣。开始存钱真是非常有趣的事，比花钱有意思多了。

等我们存了不少钱之后，又为它找了一个更有利可图的用途。我们用每月作为积蓄的十分之一的收入加入了一项投资。事实证明这是我们收入中最令人满意的一部分。这对我们还债大有帮助。

当知道自己的投资在日益增长的时候，我们感到一种非常令人满足的安全感。等到我结束教书的时候，这将成

开始存钱真是非常有趣的事,比花钱有意思多了。

为一大笔钱，甚至我们以后就可以靠它过活了。

　　我从欠了一大堆旧债到拥有现在的投资，这似乎让人难以置信，但这是事实。在逐渐还清债务的同时，我们的投资也在不断增加。另外，我们的财务状况也渐渐好了起来。谁能相信按照财务计划行事和自由放任这两种方式能带来如此不同的结果呢？

　　到明年年底，我们就可以还清所有的债务，然后有更多的钱进行投资和外出旅行了。

　　现在，你知道我们为什么要感谢那位老人了吧，是他的计划帮助我们摆脱了"人间地狱"。

　　他知道这种感觉，因为他也曾有过同样的经历，并想让其他人从他的经历中吸取经验教训。他就是为了这个原因才会花那么长的时间，费力地把这些故事刻写在黏土板上的。

　　他给了难兄难弟们一个真正的启示，这个启示甚至在5000年后被人从巴比伦的废墟里发现时仍旧和从前它被埋葬时同样富有生命力。

阿尔弗莱德·H.斯图伯瑞
1936年11月7日

第10章　巴比伦最幸运的人

　　你看，工作在我最痛苦的时候的确证明了它是我最好的朋友。
　　你的勤劳会让你在将来获得巨大的成功。

沙路·纳达在商队的最前面骄傲地骑着马，他是巴比伦最富有的商人。他喜欢漂亮的衣服，因为有钱可以穿得华丽体面；他喜欢好的牲口，因为有钱可以悠闲地骑上精神的阿拉伯牡马。人们很难从外表看出他真实的年纪，显然，人们也不会想到他心里正在为什么事发愁。

　　从大马士革回来的旅途漫长而艰辛，在沙漠中还有许多的困难，但他一点儿也不在意。一路上还有不少阿拉伯的部落迫不及待地想要抢劫富有的商队，但他也不怕他们，因为他有许多许多卫士在保护着商队。

　　令他发愁的是身边这个从大马士革带回来的年轻人，哈丹·古拉。他是纳达一个早年合伙人阿拉德·古拉的孙子，纳达觉得欠他祖父的人情，所以想为他做点什么。但是，纳达越是这样想，事情就越难办，而主要原因就是这个年轻人自己。

　　他看着这个年轻人的戒指和耳环，心想："他以为珠宝是给男人戴的，不过他的长相倒是和他祖父一样刚强，但他祖父可没有穿过这么花哨的袍子。可是，既然我把他带来了，希望我

令他发愁的是身边这个从大马士革带回来的年轻人。

能够帮他自立,让他从他父亲的破产中重新站起来吧。"

哈丹·古拉打断了他的思绪:"为什么你要这么拼命地干活儿,和你的商队一起长途跋涉?难道你从来不花时间来享受生活吗?"

沙路·纳达笑了笑,说:"享受生活?"他重复着对方的话,"如果你是沙路·纳达的话,你会怎样享受生活?"

"如果我和你一样富有,我就要过王公一般的生活,才不会骑马穿越炽热的沙漠。我要把得来的钱统统花掉,穿最华丽的衣服,戴最珍贵的珠宝。那才是我喜欢的生活,那样的生活才值得我去享受。"两个人同时大笑起来。

"你的祖父可从不戴珠宝,"沙路·纳达情不自禁地脱口而出,随即开玩笑说:"你不用些时间来工作吗?"

"工作是奴隶们的事情。"哈丹·古拉回答。

沙路·纳达紧闭着嘴唇没出声,默默地骑着马,直到他们来到一个上坡跟前。他在这里拉住了缰绳,指着远处的绿色山谷,说:"看,就是那个山谷。向下俯瞰,可以在很远的地方隐约望见巴比伦的城墙。那高高耸立着的就是贝尔神庙了。如果你眼力好的话,你还能看到神庙最高处的永恒之火散出的烟雾。"

"那就是巴比伦?我一直想见识一下这个世界上最富有的城市,"哈丹·古拉说道,"巴比伦,我祖父就是在这里发达的。要是他还活着的话,我们就不会像现在这么窘困了。"

"他的灵魂已经到了应该安息的时候,干吗还要骚扰他呢?你和你的父亲完全可以接管他的生意。"

"唉,我们两人都没有他的才能。父亲和我都不知道他赚钱的秘诀。"

沙路·纳达没有作答,而是信马由缰地沿着山谷的道路向下走去。他们的后面跟着整个商队,许多的马匹扬起了大片灰尘。走了一段时间之后,他们来到了王道上,接着向南进入了灌溉农场。

3个在田里犁地的老人引起了沙路·纳达的注意。奇怪的是他们看上去很眼熟。多么可笑!一个人怎么会在40年后经过同一片田地的时候再看到相同的人在那里犁地?但是,不知为什么,他却可以肯定他们就是他在40年前看到的人。其中一个农夫不太稳地扶着犁,另外两个农夫正在驱赶着几头拉犁的牛,但是不论怎么抽打,牛都不肯继续向前走。

40年前他还在羡慕这些人!他那时多想和他们交换角色呀!但是,现在事情却已经大大不同了。他骄傲地看了看跟在后面的商队,精选的骆驼和驴子驮着从大马士革贩运来的昂贵货物。而所有这些只不过是他财产中很小的一部分而已。

他指着那些农夫,说道:"他们和40年前一样,还在犁同一块地。"

"看上去好像是这样,不过你能肯定他们就是40年前犁地的那些人吗?"

"肯定就是他们。"沙路·纳达回答。

回忆在他的头脑里飞快地闪过。为什么他不能埋葬掉过去,完全生活在现在呢?这时,他似乎真切地看到了阿拉德·古拉微笑的脸。他和身边这个玩世不恭的年轻人之间的障碍一下子消失了。

但是，他怎样才能帮助这样一个挥金如土、骄奢浮华的少爷呢？他能给愿意干活儿的人提供工作，但对那些自命不凡、不屑于工作的人却没有办法。可是，他真的觉得自己应该为阿拉德做些什么，这对他可不是无所谓的事。他和阿拉德·古拉从来没有像这个年轻人那样行事，他们根本不是同一类人。

突然，他灵机一动，有了主意，但是他也看到了其中的不妥之处。他必须考虑自己的家庭和地位。这样做可能很残酷，而且可能造成伤害。但他是个有决断力的人。他立即排除了顾虑，决定开始行动。

"你有没有兴趣知道我和你令人尊敬的祖父是怎么走到一起，靠合伙做生意发达的？"他问道。

"你只要告诉我你们是怎么赚钱的就行了，我就想知道这个。"年轻人岔开了话题。

沙路·纳达不理会对方的回答，继续说道："我们就是和那些犁地的人一起开始谋生的。那时，我和你现在差不多年纪，和几个人拴在一起，被拴在我旁边的农夫老美吉多嘲笑他们干活儿马虎。'瞧那些懒虫，'他不满地说，'扶犁的人不卖力把地犁深，另外两个人也不沿着犁沟赶牛。他们这样漫不经心，又怎么能指望得到好收成？'"

"你刚才说美吉多和你拴在一起？"哈丹·古拉惊讶地问。

"是的，我们的脖子上套着铜圈，被沉重的链子拴在一起。

美吉多的另一边拴的是扎巴多,他偷了别人的羊。我是在哈让认识他的。拴在尽头的那个人没有告诉我们他的名字,所以大家都叫他海盗。我们猜他是个水手,因为他的前胸像水手那样刺着扭结在一起的蛇,那是一种护符。这样把4个人拴在一起是为了让我们可以合作干活儿。"

"你像奴隶一样戴着锁链?"哈丹·古拉感到难以置信。

"你的祖父没有告诉过你,我从前是个奴隶吗?"

"他经常谈起你,但从没说过这个。"

"他是个可以完全托付机密的人。我也可以信任你,对吗?"沙路·纳达直视着年轻人的眼睛。

"你可以放心,我会守口如瓶。我只是觉得很惊讶。告诉我,你是怎么成为奴隶的?"

沙路·纳达耸了耸肩,说:"任何人都可能成为奴隶。是赌博和酗酒让我蒙了大难的。我成了我哥哥轻率行事的牺牲品。他在一次争吵中杀死了他的朋友。我的父亲为了使他免受法律的惩罚,就把我交给了死者的寡妇当做抵押,后来我父亲没有足够的钱赎我回去,她就把我卖做了奴隶。"

"这太不公平了!"哈丹·古拉抗议说,"但你又是怎么重新获得自由的?"

沙路·纳达回答道:

我们会说到这个的,但还不是现在。让我们继续我的故事。当我们走过这里的时候,犁地的农夫们取笑我们。

有一个人甚至摘下他的破帽子，深深地鞠了一躬，大声叫道："欢迎来到巴比伦，国王的客人们。他正在城墙上等着你们赴宴，吃泥砖和大蒜汤呢。"不等他说完，那几个人就大笑了起来。

海盗气极了，使劲儿地骂他们。

"这些人为什么说国王在城墙上等我们？"我问他。

"你现在就要去城墙那里搬运砖块，直到你累死。也许在你累死之前，就已经被他们打死了。他们要是敢打我，我就杀了他们。"

这时，美吉多开口道："我觉得那些人不会把老实又勤快的奴隶打死的。人们都喜欢好奴隶，而且待他们也不薄。"

"谁想卖力干活儿呀？"扎巴多说，"那些犁地的农夫才是聪明人。他们可不会让自己累死，只会假装卖力。"

"如果你总是畏缩就不会前进，"美吉多反对说，"如果你每天能犁一顷地，那么任何奴隶主都会知道你很能干。但是如果你一天只犁半顷地，那就是畏缩了。我决不畏缩。我喜欢干活儿，而且想把活儿干好，因为工作是我最好的朋友。我所有的好东西都是工作给我带来的，我的农场、牛群、庄稼……所有的一切。"

"是啊，那现在这些东西都去了哪里？"扎巴多嘲讽地说，"我看还是做个聪明人，得过且过比较好。你们看着，如果我们被卖去修城墙，我就去背水囊或者干其他轻松的活儿，而你们这些喜欢干活儿的人就会被砖块压断脊梁骨。"

他说完就傻笑起来。

那天晚上,我害怕极了,根本睡不着。当其他人都睡觉的时候,我爬到了警戒线附近,站第一班岗的哥多索看到了我。他是那伙阿拉伯强盗中的一个,属于那种抢劫了别人钱袋还要杀人灭口的恶棍。

"哥多索,"我小声问他,"我们到了巴比伦是要被卖去修城墙吗?"

"你干吗想知道这个?"他警惕地问。

"你不明白吗?"我恳求地说,"我还很年轻。我想活下去。我不想在城墙那里被打死或累死。我有没有机会遇到一个好心一点儿的主人?"

他小声回答说:"我告诉你吧,因为你很听话,没有给我找麻烦。大多数时候我们会先去奴隶市场。现在听好,当有买主过来的时候,告诉他们你是个干活儿的好手,喜欢给好主人卖力干活儿。让他们从心里想要买你。如果他们中没有人买你的话,转天你就得去搬砖块。那可是个苦力活儿。"

他走了之后,我躺在温暖的沙地上,望着天上的星星,思考着关于工作的问题。美吉多说工作是他最好的朋友,我不知道工作是不是我最好的朋友。如果它能帮我摆脱修城墙的厄运,那就肯定是我的好朋友。

当美吉多醒来的时候,我把这个好消息悄悄地告诉了他。在我们走向巴比伦的路上,这是我们唯一的希望。傍晚时分，我们离城墙不远了，可以看见一队队奴隶像黑色的蚂蚁一样在陡峭的斜坡上忙碌着。我们走近时，惊讶地发现那里竟有几千人在干活儿，有些人在挖护城河，还有一些人在用泥土制作砖块，不过大多数人都在用巨大的筐子背着砖块沿着陡峭的小路送到石匠那里①。

监工们斥责着那些落在后面的人，用皮鞭劈啪作响地抽打着掉队者的脊背。我们看到那些衣衫褴褛的人不堪重负地蹒跚着，一旦倒在筐子下面，就再也不能挣扎着站起来。如果皮鞭的抽打还不能让他们站起来的话，他们就会被拖到一边，在那里独自呻吟，很快就将被拖到路边的尸体堆旁，等着被埋葬到无人献祭的坟墓中去。当我看到这可怕的一幕时，吓得浑身发抖。如果没有在奴隶市场给自己找到买主的话，这就是我的下场。

哥多索是对的。我们被带进了城门，关入奴隶牢房中，第二天早上果然被带到了奴隶市场。在那里，其他的人都吓得缩成了一团，只有卫兵的鞭子才能让他们继续走动，供买主挑选。而我和美吉多却抓住每一个机会和买主讲话。

奴隶贩子带来了国王的卫兵，他们给海盗带上了脚镣，

---

① 古代巴比伦的著名建筑，包括城墙、神庙、空中花园和大运河，都是由奴隶建造的。这些奴隶大部分是战俘，他们也因此而受到极其残酷的对待。奴隶中有的也是巴比伦或其所辖地区的居民，他们因为触犯了法律或陷入经济困境而被卖为奴隶。当时的人为承诺支付债务、罚款或其他款项时常常用自己、自己的妻子或孩子作为抵押。如果违约，这些人就会被卖为奴隶。——原注

如果海盗反抗就狠狠地打一顿。当他们把海盗带走的时候，我很为他难过。

美吉多感觉到我们马上就要分开了。在没有买主过来的时候，他就急切地告诉我说，有价值的工作对我的将来有多么重要。他想让我牢牢记住这一点："有些人讨厌工作，把它当做敌人。但你最好把工作当成朋友，学会喜欢它。不要介意做辛苦的工作。只要想想自己将建造出多么好的房子，那谁还在乎房梁太重，背水调石灰要走的路太远呢？答应我，孩子，如果你能找到一个主人，就要尽全力为他工作。即使他不看重你所做的一切，也不要在意。记住，工作，而且要把工作干得漂亮，这总是对你有好处的。这可以使你成为一个更好的人。"这时，一个魁梧的农场主走近了，对我们上下打量，于是美吉多没再继续和我说下去。

美吉多询问了农场主的农场和庄稼，很快就让对方相信他是个很有用的人。这个农场主在和奴隶贩子大声嚷嚷讨价还价一番之后，从他的袍子下面取出了钱袋，于是美吉多跟着他的新主人走远了。

那个上午还有几个人被卖出去了。中午的时候，哥多索告诉我，奴隶贩子已经不耐烦了，决定不再在这里过夜，一等太阳落山就把剩下的人全都送到国王的奴隶收购者那里去。就在我渐渐绝望的时候，有个和气的胖子走过来，问我们中有没有懂得做糕点的人。

我走过去，对他说："像您这样好的糕点师傅，为什么还要找一个不如自己的同行呢？把您的手艺教给一个愿意学习做糕点的徒弟不是更容易些吗？您看看我，我很年轻、强壮，而且喜欢工作。给我一个机会，我会努力为您赚钱的。"

他被我的诚意打动了，开始和奴隶贩子讨价还价，奴隶贩子从买了我就没看过我一眼，现在却在那里一个劲儿地吹嘘我有多么能干，身体有多棒。我感觉自己像一头将要卖给屠夫的待宰公牛一样。最后，交易总算是达成了。我松了一口气，跟着我的新主人走了，我觉得自己是整个巴比伦最幸运的人。

我很喜欢我的新家。我的主人纳纳奈德教我怎样用院子里的石臼把大麦磨成粉，怎样在烤炉里烧火，怎样磨制做蜂蜜蛋糕用的芝麻粉。在他放面粉的储藏室里，我有一张自己的床。上了年纪的奴隶管家斯瓦斯提给我吃得很好，而且非常高兴我能经常帮她干些重活儿。

我现在有机会用自己的努力为主人创造财富，而且希望通过这种办法重获自由。

我请纳纳奈德教我如何揉面和焙烤。看到我这样好学，他很高兴地教了我。后来，我把这两项工作都做得很好，我又请他教我做蜂蜜蛋糕，而且很快就学会了所有制作糕点的手艺。我的主人乐得清闲，但是斯瓦斯提却直摇头，对我的主人不以为然。她说："无所事事对任何人都没有好处。"

我觉得已经是考虑如何赚钱为自己赎回自由的时候了。

做点心的工作一般到中午就结束了，我想纳纳奈德不会反对我用下午的时间到外面找些可以赚钱的差事，并且和我一起分享我的工钱。我突然想到，何不多做一些蜂蜜蛋糕，然后到城市的大街上去兜售呢？

我这样向纳纳奈德解释我的计划："如果我在为您做完点心之后，用下午的空闲时间自己找个工作，然后我们一起分享我挣得的工钱，这样您可以有更多的收入，我也可以有钱为自己买些东西，您觉得这样做是不是公平呢？"

"公平，非常公平。"他同意了。当我把上街兜售点心的主意告诉他之后，他很高兴。"我们这么办吧，"他建议道，"你按照一个铜板两块蛋糕的价钱去兜售，然后给我一半的收入作为买面粉、蜂蜜和柴火的钱。然后，我们再把剩下的收入一人一半。"

我很高兴他这么慷慨，这样我就可以把兜售点心的四分之一收入留给自己了。那天晚上，我工作到很晚，做了一个可以装很多蛋糕的大托盘。纳纳奈德给了我一件他自己穿过的旧袍子，让我看上去体面一些，斯瓦斯提帮助我把它缝补好，又浆洗干净。

第二天，我多做了一些蛋糕。它们摆在托盘里，看上去十分诱人。我在街上大声地叫卖。一开始似乎没人感兴趣，我觉得有些泄气。但我还是继续叫卖着，直到傍晚的时候，人们觉得饿了，我才开始有生意，蛋糕很快就卖完了。

纳纳奈德对我的成功也很高兴，把答应我的那一份收入给了我。我也很高兴有了自己的钱。美吉多是对的,他曾经说过,主人总是会对自己奴隶的出色工作表示赞赏的。那天夜里,我为自己的成功激动得难以入睡,开始盘算我这样工作一年可以挣多少钱,用多少年可以赎回自由。

我每天拿着托盘到街上叫卖,渐渐有了一些老主顾。其中一个就是你的祖父——阿拉德·古拉。他当时是个向主妇们兜售毯子的商人,带着一头驮着货物的驴子和一个帮忙的黑奴,从城市的一头走到另一头。他总是给自己和那个黑奴各买两块蛋糕,而且边吃边和我聊天。

那天你祖父跟我说的话我永远都不会忘记。他说:"我喜欢你的蛋糕,孩子,不过我更喜欢你的勤劳。这样的勤劳会让你在将来获得巨大的成功。"

但是,哈丹·古拉,你又怎么能理解,这些话对一个独自在大城市里为了自由而苦苦奋斗的奴隶孩子来说,是多么大的鼓励啊!

随着时间的推移,我在自己的钱袋里积攒了一些钱,它挂在我腰带上的时候已经沉甸甸的了。正像美吉多所说的那样,工作成了我最好的朋友。我为此非常开心,但是斯瓦斯提却显得忧心忡忡。

"我很担心,你的主人在赌场里花的时间恐怕太多了。"她不满地说。

有一天,我惊喜地在大街上遇见了我的朋友美吉多。他当时正赶着3头驮着蔬菜的驴子去市场。"我干得非常好,"

这样的勤劳会让你在将来获得巨大的成功。

他说,"我的主人非常欣赏我的工作,现在我已经是工头了。看,他甚至把卖菜的事交托给我,他已经叫人去接我的家人了。工作帮我渡过了难关,总有一天它还会帮我赎回自由,让我再次拥有自己的农场。"

时间一天天地过去,纳纳奈德越来越焦急地等待我卖完蛋糕回来。我一回来他就急忙把他的那一份收入拿去。他还叫我去寻找新的市场,好兜售更多的蛋糕。

我经常走出城去,把蛋糕卖给看管奴隶修建城墙的监工。我不喜欢回到那个令人厌恶的地方去,但是这些监工们总是出手大方。有一天,我惊讶地看到扎巴多正在排队等着给自己的筐子里装砖块。他的样子很憔悴,背也弯着,而且伤痕累累。我很为他难过,送给了他一块蛋糕,他就像野兽一样把蛋糕一口吞了进去。我看到他眼中贪婪的神色,急忙在他抓住我的托盘之前跑掉了。

"你为什么这么努力地工作?"阿拉德·古拉有一天问我。几乎和你今天问我的问题一样,还记得吗?我告诉他美吉多曾经说过的话,还有事实是如何证明了工作确实是我最好的朋友。我骄傲地给他看了我的钱袋,告诉他我要用那里面的铜板赎回自由。

"等你自由之后,你想做些什么?"他问。

"到那时,我要做个商人。"我回答。

这时,他也告诉了我一件我从未料到的事:"你不知道,我也是个奴隶。我在跟我的主人合伙做生意。"

"住口！"哈丹·古拉喝道，"我不想听这些羞辱我祖父的谎言。他不是奴隶。"他的眼睛几乎喷出火来。

沙路·纳达仍然很平静："我敬佩他能够从不幸的遭遇中站起来，成为大马士革首屈一指的人。而你作为他的孙子，是否也有同样的本领呢？你是不是个真正的男子汉，是选择勇敢地面对事实，还是情愿生活在虚假的幻想里？"

哈丹·古拉在他的马鞍上坐直身子，用压抑着强烈感情的声音说："我的祖父受到所有人的爱戴。他做的好事不计其数。在大饥荒的时候，难道不是他用金子从埃及买了粮食，用商队运回大马士革，才没有让一个人饿死吗？现在你却说他在巴比伦是个令人蔑视的奴隶。"

"如果他一直留在巴比伦做奴隶，那的确会被人蔑视，但是他通过自己的努力成了大马士革最了不起的人，众神的确给过他厄运，但是也给了他荣誉，以表示对他的敬意。"沙路·纳达回答。

沙路·纳达继续讲下去：

他对我说了自己也是奴隶之后，告诉我他也非常急切地想赎回自由。现在他已经有了足够的钱，但是不知道应该怎么办。他已经不能为主人卖出很多毯子了，所以担心失去主人的支持。

我不同意他的优柔寡断："不要再依附于你的主人。重新把自己当做一个自由人来看待。像个自由人那样去做，去争取成功！确定你最想做成什么事情，然后想想要达到这个目的需要做哪些工作。"他临走时，感谢我点醒了他的懦弱①。

有一天，我又走出城门去卖蛋糕，却惊讶地发现那里聚集着许多人。我向一个人问是怎么回事，他回答说："你没有听说吗？有一个逃跑的奴隶杀死了国王的卫兵，结果被判处用鞭子打死。甚至连国王都要亲自到这里来呢。"

刑柱四周的人群密不透风，我不敢靠得太近，害怕他们把我的托盘撞翻。于是，我爬上了一段还没有完工的城墙，从人们的头顶上看下去。我很幸运地看到了国王坐着他的金马车到来。我从没见过那样大的排场，那么漂亮的袍子，还有那么华丽的金色和紫色帐幔。

我看不到行刑的情景，但是可以清楚地听见那个奴隶可怜的惨叫声。我奇怪为什么像国王这样高贵的人竟然能够忍心观看这种痛苦的场面，但是当我看到他和贵族们在一起开怀说笑的时候，才知道原来他是个非常残暴的人，也明白了为什么他会命令奴隶们做修建城墙这样残忍的工作。

---

①古代巴比伦也有蓄奴的风俗，但是和我们今天用法律禁止的蓄奴并不一样。例如，一个奴隶可以拥有各种财产，甚至拥有与他的主人无关而完全属于自己的奴隶。奴隶可以和自由人通婚。只要母亲是自由人，那么孩子也就是自由人。当时大多数的城市商人都是奴隶，他们中许多人与他们的主人合伙经商，而且拥有大量属于自己的财富。——原注

等他们把那个奴隶折磨死之后，就用一根绳子绑住他的一条腿，高高地吊在一个柱子上，好让所有的人都看到他。当人群渐渐散尽的时候，我走近前去看。在尸体毛茸茸的胸膛上，我看到了那个两条蛇交缠在一起的护符。他就是海盗。

在我下一次遇到阿拉德·古拉的时候，他已经完全换了一个人，非常热情地和我打招呼："看哪，你过去认识的那个奴隶现在已经自由了。你的话简直具有魔力。我的生意和收入都好起来了。我的妻子很高兴，她是个自由人，是我原来主人的侄女。她想和我一起到一个陌生的城市去生活，在那里没有人会知道我曾经是个奴隶。这样我们的孩子就不会因为他们父亲的不幸而受人指责了。这可以让我重新找回自信和做生意的能力。"

我真是非常高兴自己能尽一点微薄之力报答他对我的鼓励。

一天晚上，斯瓦斯提伤心地来找我："你的主人陷入麻烦了。我很为他担心。几个月之前，他在赌场里输了一大笔钱，现在已经没有钱买面粉和蜂蜜了。他也没办法还债，债主们都在生气地威胁他。"

"我们干吗要为他做的蠢事担心呢？我们又不是他的守护人。"我漫不经心地回答说。

"傻孩子，你不明白。他是拿你做抵押向借贷商人借债的。根据法律，债主可以宣布你归他所有，还可以把你卖掉。我不知道应该怎么办。他是个很好的主人。为什么？噢，为什么麻烦要落在他的头上呢？"

斯瓦斯提的担心不是没有道理的。当我转天上午正在做蛋糕的时候，借贷商人带着一个叫萨西的人来了。这个人看了看我，说可以。

借贷商人不等我的主人回来就要把我带走，让斯瓦斯提转告我的主人。我除了穿在身上的袍子和系在腰上的钱袋之外，什么也没带，就放下了做到一半的蛋糕，被匆匆带走了。

我的希望被吹散了，就像森林里的一棵树被台风带到了波涛起伏的大海上一样。赌场和大麦啤酒又一次把我推向了灾难。

萨西是个生硬而粗暴的人。当他领着我穿过城市的时候，我把自己曾经为纳纳奈德做过的出色工作告诉了他，而且对他说我愿意很好地为他工作。但是他的回答却令人泄气：

"我不喜欢你以前做的工作。我的主人也不喜欢。国王命令我的主人派我去修一段运河。主人就叫我去找更多的奴隶，快点拼命干完这活儿。哼，这么大的工程，怎么可能快点完成？"

想象一个没有树木的沙漠，那里只有低矮的灌木，炽热的太阳把桶里的水烤得滚烫，让人简直不能喝。一队队的人走下深深的坑道，从那里把一筐筐泥土沿着软土路运上来，这样从早一直干到晚。人们在装着食物的敞口水槽边像猪一样吃东西。我们没有帐篷，没有稻草可以做床。这就是我的处境。我把钱袋埋在了一个地方，并做了记号，但不知道自己还有没有机会再把它取回来。

开始时，我工作得很卖力，但是几个月过去了，我觉得自己已经濒临崩溃。而这时，我劳累的身体又中了暑。我没有一点儿胃口，只能吃很少的羊肉和蔬菜。在夜里，我又翻来覆去地睡不安稳。

在这样的痛苦之中，我怀疑扎巴多的主张是不是最好的——逃避工作，免得自己被活活累死。这时，我想起了最后一次见到他时的情景，于是知道他的主意并不好。

我想到了海盗的凶悍，怀疑自己是否也应该跟工头斗争，把他们杀死。但是一想起他血淋淋的尸体，我就打消了这个念头。

最后，我想起了最后一次见到美吉多的情形。他的手因为辛苦工作而磨出了厚茧，但是他的心里很轻松，脸上也很快乐。他的主意才是最好的。

但是，我和美吉多一样地乐意工作，而且他也不可能比我更加努力。为什么我的工作却没有带给我幸福和成功？美吉多的幸福究竟是他的工作带来的，或者只是神的意愿？我是否就要这样工作到死，却满足不了任何愿望，也得不到任何幸福和成功？所有这些问题都在我的脑子里跳来跳去，却找不到答案。我真的迷惑了。

几天之后，我的忍耐似乎已经达到了极限，而我的问题仍然没有答案，这时萨西让人叫我去见他。原来我的主人派信使来叫我回到巴比伦去。我重新挖出了我埋藏的钱袋，把破烂的袍子整了整，就同信使一起离开了。

一路上，那些问题又像风暴一样在我仍然发烧的脑子里飞快地旋转。我的遭遇就好像我的家乡哈让的一首民歌所唱的那样：

命运如尘，随风疾转，前途未卜，祸福难料……

我难道注定就要这样一直毫无道理地受惩罚吗？还有什么新的痛苦和失望在等着我呢？

当我们进入主人家的院子时，我竟然看到了阿拉德·古拉。他扶我下了马，像对待长久失散的兄弟那样拥抱我。

走路的时候，我要像所有奴隶跟随主人那样跟在他身后，但是他不让我这样做。他把手搭在我的肩上，说："我到处找你，最后在几乎绝望的时候遇到了斯瓦斯提，她告诉我你被借贷商人带走了，我又通过借贷商人找到了你的贵族主人。你的主人很难通融，最后我只好出高价买下你，不过我觉得这很值得。是你的见识和勤劳给了我很大的启发，我才能有今天的成功。"

"那是美吉多的见识，不是我的。"我打断他的话。

"那是美吉多的，也是你的。我得感谢你们两个人。我们现在要去大马士革，我需要你做我的合伙人。看！"他大声说道，"你马上就是自由人了！"他从袍子里拿出一块刻有我名字的黏土板,把它高高举过头顶,然后重重地摔在卵石上,跌得粉碎。他又高兴地把所有的碎块踏成了尘土。

我的眼里充满了感激的泪水。我知道自己就是巴比伦最幸运的人。

你看,工作在我最痛苦的时候的确证明了它是我最好的朋友。我的勤恳使我免于被卖到城外去修城墙。这一点也令你的祖父印象深刻,所以他决定选择我做他的合伙人。

这时,哈丹·古拉问:"难道我祖父赚钱的秘诀就是工作吗?"

我知道自己就是巴比伦最幸运的人。

"在我一开始认识他的时候，那就是他唯一的秘诀。"沙路·纳达回答，"你的祖父很喜欢工作。众神看到了他的努力，也给了他慷慨的回报。"

"我开始明白了，"哈丹·古拉若有所思地说，"他的勤奋工作使他交了许多朋友，他们钦佩他的努力和因此而得到的成功。工作为他带来了荣誉，使他能够在大马士革过着快乐的生活。工作带给他所有的一切，而我却认为只有奴隶才应该工作。"

"生活中有许多欢乐让人们去享受，"沙路·纳达说道，"每一种欢乐都各得其所。我很高兴奴隶没有被剥夺工作的欢乐。如果失去了这种欢乐的话，我还可以有其他的欢乐，但是没有什么能够代替工作对我的意义。"

沙路·纳达和哈丹·古拉在巴比伦城墙的阴影里向着巨大的铜制城门并骑而行。当他们到达城门的时候，那里的卫兵马上立正，尊敬地向沙路·纳达致意。而这个尊贵的市民则高高地昂起头，带着他长长的商队进入了巴比伦的大街。

"我一直想成为像我祖父那样的人，"哈丹·古拉对同伴说，"可是我以前从来没有认识到他是怎样的人。今天你告诉了我。现在我明白了，而且更加尊敬他，更想成为像他那样的人。你今天把他成功的秘诀告诉了我，但我恐怕永远也无法报答。从今天起，我就要运用他的秘诀，像他那样从最普通的工作开始，给自己找到一个比戴珠宝和穿漂亮衣服更好的、真正的位置。"

哈丹·古拉一边说，一边取下了自己的耳环和戒指。然后，他拉住马，脱掉华丽的袍子，恭敬地跟在商队头领的马后。

第11章 历史上的巴比伦

巴比伦是人类利用周围环境,凭借自己的能力实现伟大目标的一个杰出典范。所有支持这座伟大城市的资源都是靠人力开发的,那里所有的财富都是由人创造的。

在历史的长卷中，没有任何城市比巴比伦更加辉煌夺目。巴比伦这个名字本身就代表着财富和繁华。那里的黄金和珠宝如传说般多得令人难以置信。人们可能会很自然地认为像这样一个富有的城市肯定应该被丰茂的森林和无数矿藏包围着。但事实并非如此。巴比伦位于幼发拉底河边一个平坦而贫瘠的山谷里。那里没有森林，没有矿井——甚至没有可以用于建筑的岩石。那里也不在往来通商的天然要道上，降雨量根本不能维持农作物的生长。

巴比伦是人类利用周围环境、凭借自己的能力实现伟大目标的一个杰出典范。所有支持这座伟大城市的资源都是靠人力开发的，那里所有的财富都是由人创造的。

巴比伦只有两种自然资源——肥沃的土地和河水。巴比伦人建造了当时或者是有史以来最伟大的灌溉系统，用堤坝和无数的水渠把河水引到田地上。这些水渠从离城市很远的地方把生命之水引入这个贫瘠的山谷。这个灌溉系统在人类历史上是首屈一指的，它为巴比伦人带来了世所罕见的粮食丰收。

幸运的是，在巴比伦漫长的历史中，虽然经历了许多个国王的统治，但那里很少发生征战和掠夺。巴比伦所卷入的战争大都是为了抵抗那些野心勃勃的外来侵略者，他们的目的无非是贪图这个城市的巨大财富。巴比伦的杰出统治者都是因为他们的智慧、勤勉和公正而留名青史的。那里没有一个飞扬跋扈、妄想统治整个世界的暴君。

巴比伦作为一个城市已经消亡了。当那些修建和经营了它几千年的人退出历史舞台之后，那里就成了一个被遗弃的废墟。城市的遗址现在亚洲境内，从苏伊士运河向东 600 英里[①]，就在波斯湾的北边，大约北纬 30 度的地方，纬度与美国亚利桑那州的尤马相同。那里的气候也和这个美国城市一样炎热而干燥。

今天，曾经人口密集、灌溉充分的幼发拉底河谷又成了狂风肆虐的荒芜之地，只有稀疏的野草和沙漠灌木还在风沙中艰难地求生。肥沃的田地、巨大的城市和载着贵重货物的商队都一去不返了。阿拉伯游牧部落是那里唯一的居民，他们在沙漠中靠放牧少量的牲畜过着非常艰苦的生活。这种情况从公元元年就已经开始了。

巴比伦所处的河谷中散布着一些小土丘。许多个世纪以来，过往的旅行者并没有在意它们。但是偶尔被暴风雨冲刷下来的陶器和砖头的碎片最终引起了考古学家的注意。欧洲和美国各个博物馆纷纷派遣考察队到这里进行挖掘，希望有所发现。结果，

[①] 1 英里=1.6093 千米。

他们很快找到了鹤嘴锄和铲子，证明这些土丘都是古代的城市，或者更确切地说是城冢。

巴比伦就是这些城冢之一，它似乎已经被沙漠的风沙掩埋了2000年。原来用砖块修建的城墙在暴露出来的地方已经解体，重新变成了尘土。这就是财富之城巴比伦今天的样子——一堆尘土。它已经被人遗忘了那么长久，甚至没有任何活着的人还记得它的名字，最后还是那些被精心发掘出来的街道、神庙和宫殿揭示了它的身份。

许多科学家都认为，生活在巴比伦和同一河谷中其他城市的人是有确切历史记载的最古老的居民。准确的日期可以追溯到距今8000年以前。有趣的是，用这种联系，人们可以确定很多历史上的日期。考古学家在巴比伦的废墟中发现了一次关于日食的记载。现在的天文学家可以准确地推算出从前在巴比伦能够观测到的日食发生在什么时候，从而将巴比伦的历法与我们的公历相对比。

我们已经用这种方法证明，8000年前生活在巴比伦地区的苏美尔[①]人是居住在有围墙的城市里的。人们只能推测这些城市始建于多少个世纪以前。而那里的居民也不是住在保护墙里面的野蛮人，他们受过教育，而且十分开明。根据书面的历史记载，他们是最早的工程师、天文学家、数学家和财经专家，也是最

[①] Sumer，已知最早的文明发祥地，位于底格里斯河与幼发拉底河之间、美索不达米亚的最南端，后来成为巴比伦尼亚的地区，即今伊拉克南部，从巴格达周围到波斯湾。——译者注

早使用文字的人。

我们前面提到了巴比伦的灌溉系统，是它将这个贫瘠的河谷变成了一个农业天堂。现在，这些水渠大部分虽然已经被积累的泥沙填满了，但是它们的痕迹仍然可以辨认出来。有些水渠非常宽阔，在没有放水的时候可以让12匹马在渠底并排行走。

除了灌溉河谷的土地之外，巴比伦的工程师还完成了另一项同样宏伟的杰作。他们设计了复杂的排水系统，把幼发拉底河和底格里斯河河口的大片沼泽变成了可耕地。

希腊旅行家和历史学家希罗多德①曾在巴比伦鼎盛时期访问过那里，给我们留下了唯一来自旁观者的描述。他的记录形象地描述了这座城市和当地人的一些特有风俗。他提到那里土地肥沃，可以收获大量的小麦和大麦。

巴比伦已经失去了昔日的光辉，但是它的智慧却留给了我们，这应该感谢他们的记录方式。在遥远的古代时期，人们还没有发明造纸术。他们不辞劳苦地先把文字刻在潮湿的黏土上，然后再通过烘烤制成黏土板。每个黏土板大约6英寸②乘8英寸大，1英寸厚。

这些黏土板的用途和我们今天的纸张很相似，上面记载了传说、诗歌、历史、王族法令、有关土地的法律、财产的归属、誓言，以及让信使带往远方城市的信函。我们通过这些黏土板

---

① Herodotus，约公元前484～前430/前420年，所著《历史》一书，讲述了希波战争史，为古代第一部夹叙夹议的伟大史书。——译者注
② 1英寸=2.5400厘米。

还可以窥见当时巴比伦人的个人事务。例如，一块乡下店主所记录的黏土板上提到，在某个具体的日期某个主顾带来一头牛，要求用它换 7 袋麦子，其中 3 袋当时交货，剩下的 4 袋则由这个主顾以后随时来取。

考古学家在这座废弃的城市中还发现了许多保存完好的图书馆，里面有成千上万块这样的黏土板。

巴比伦的杰出建筑奇观之一就是它那宏伟的城墙。古代人将这些城墙与埃及的金字塔一起归入"世界七大奇迹"。据说巴比伦最初的城墙是由塞米勒米斯女王在城市兴建的早期下令建造的。现代的发掘者已经无法寻见最初的城墙遗迹了，也无法确定它实际的高度。早先的作者们提到这些城墙有 50～60 英尺[①]高，用烧制的砖块建成，城墙的外面还有一道护城河。

后来更加著名的城墙大约是在公元前 600 年由那波勃来萨[②]国王敕令建造的。他决定对如此浩大的工程进行重建，最终却没能活着看到城墙完工。继续完成该工程的是他的儿子，尼布甲尼撒二世[③]，人们在讲述巴比伦历史的时候经常提到这个名字。

这些后来重建的城墙高得令人难以置信，根据可靠的历史记载，它们有 160 英尺高，相当于现代的 15 层写字楼。城墙全长 9～11 英里。城墙上面十分宽阔，可以容纳 6 匹马并排驾车

[①] 1 英尺=0.3048 米。
[②] Nabopolassar，迦勒底人，公元前 626 年建立新巴比伦王国。——译者注
[③] Nebuchadrezzar II，约公元前 630～前 562 年，古代迦勒底帝国最伟大的国王。——译者注

通过。这个惊人的建筑现在已经所剩无几了，人们看到的只有城墙的基座和护城河。除了自然的侵蚀之外，阿拉伯人还从这些城墙上取砖用于其他地方的建筑，最终彻底毁坏了这座伟大的建筑。

巴比伦的城墙曾经抵御过那个征战年代几乎所有的征服者的军队。许多的国王都曾带领军队包围过巴比伦，但最终无功而返。当时的侵略军是不容小觑的，据历史学家考证，当时的一个军团有1万骑兵、2.5万架战车和1200个团的步兵，而每个团有1000名士兵。通常为这样的军队备战需要2～3年的时间，而且在军队征伐的路途中还要劫掠当地人的食物。

巴比伦城内的组织和现代城市非常相近，布满了街道和店铺，行商小贩在居民区兜售他们的货物，祭司在雄伟的神庙里供职。在城市中还有一个被围护起来的王宫。据说宫墙比城墙还要高。

巴比伦人精通各种手艺，其中包括雕塑、绘画、纺织，以及金器、兵器和农具的制造。珠宝匠人的作品具有很高的艺术水平。考古学家从有钱人的墓葬中发掘出很多精美的珠宝，现在于世界各大博物馆展出。

在很早的时候，当世界上其他地方的人还在用石斧砍树，用石制矛尖和箭头狩猎的时候，巴比伦人已经开始使用金属斧头、矛尖和箭头了。

巴比伦人在理财和经商方面十分精明。据我们所知，是他们最早发明了钱币作为交易的媒介，并最早用文字制定协议和声明财产的归属。

在公元前 540 年之前，巴比伦城从未被敌人攻陷过。即使到那个时候，敌人也不是通过攻破城墙而取胜的。巴比伦陷落的故事十分特殊。当时最伟大的征服者居鲁士[①]想攻下巴比伦那不可战胜的城墙。而巴比伦国王拿波尼度[②]的谋臣们却建议他在城市被围困之前直接去和居鲁士拼一个胜负。结果，国王失败了，他的军队四散溃逃。于是，居鲁士率领军队从敞开着的城门进入了巴比伦，没有遇到任何抵抗。

从此以后，这个城市的力量和光辉就渐渐暗淡下去了，几百年后，它最终被遗弃在风沙之中，往日的辉煌归于尘土。巴比伦陷落了，再也没有重新兴旺起来，但是它对人类的文明作出了巨大的贡献。

时间使巴比伦壮观的神庙灰飞烟灭，但是巴比伦的智慧却将永远地流传下去。

[①] Cyrus，此处指居鲁士大帝二世，波斯政治家和阿契美尼德王朝的开国君主。公元前 539 年 10 月攻陷巴比伦城。——译者注
[②] Nabonidus，公元前 556～前 539 年在位的巴比伦尼亚国王。公元前 539 年被居鲁士的军队俘获，逐出国门。——译者注

时间使巴比伦壮观的神庙灰飞烟灭,
但是巴比伦的智慧却将永远地流传下去。

提高财商的三个方法

方法一：阅读"富爸爸"系列书籍

财富观念篇
《富爸爸穷爸爸》
《富爸爸为什么富人越来越富》（《富爸爸穷爸爸》研究生版）
《富爸爸财务自由之路》
《富爸爸提高你的财商》
《富爸爸女人一定要有钱》
《富爸爸杠杆致富》
《富爸爸我和埃米的富足之路》
《富爸爸那些比钱更重要的事》
《富爸爸为什么富人越来越富》
《富爸爸为什么我们希望你成为有钱人》
《富爸爸第二次致富机会》
《富爸爸8条军规》

财富实践篇
《富爸爸投资指南》
《富爸爸房地产投资指南》
《富爸爸点石成金》
《富爸爸致富需要做的6件事》
《富爸爸穷爸爸实践篇》
《富爸爸商学院》
《富爸爸销售狗》
《富爸爸成功创业的10堂必修课》
《富爸爸给你的钱找一份工作》
《富爸爸股票投资从入门到精通》
《富爸爸为什么A等生为C等生工作》

财富趋势篇
《富爸爸21世纪的生意》
《富爸爸财富大趋势》
《富爸爸富人的阴谋》
《富爸爸不公平的优势》

财富亲子篇
《富爸爸穷爸爸（少儿财商启蒙书）》（适合3~6岁）
《富爸爸穷爸爸（漫画版）》（适合7岁以上）
《富爸爸穷爸爸（青少版）》（适合11岁以上）
《富爸爸发现你孩子的财富基因》
《富爸爸别让你的孩子长大为钱所困》

财富企业篇	《富爸爸如何创办自己的公司》
	《富爸爸如何经营自己的公司》
	《富爸爸胜利之师》
	《富爸爸社会企业家》

方法二：玩《富爸爸现金流》游戏

　　《富爸爸现金流》游戏浓缩了《富爸爸穷爸爸》一书的作者——罗伯特·清崎三十多年的商界经验，让我们在游戏中模仿和体验现实生活的同时，告诉游戏者应如何识别和把握投资理财机会；通过不断的游戏和训练及学习游戏中所蕴含的富人的投资思维，来提高游戏者的财务智商。

扫码购买《富爸爸现金流》游戏

方法三：关注读书人俱乐部微信公众号，在读书人移动财商学院学习财商知识

　　北京读书人俱乐部微信公众号由北京读书人文化艺术有限公司运营，为富爸爸读者提供既符合富爸爸理念又根据中国实际情况加以完善的财商相关课程，帮助读者系统地学习和掌握富爸爸财商的原理、方法和实操技巧，助力富爸爸读者的财务自由之路。

readers-club

扫码关注读书人俱乐部
开始学习